Das Einmaleins der Gelassenheit

W0071126

Jessica Wilker

Das Einmaleins
der Gelassenheit

Vom besseren Umgang mit uns selbst

mit Illustrationen von Wayne Sutherland

HERDER

FREIBURG · BASEL · WIEN

HERDER spektrum – Band 7134

MIX
Papier aus verantwor-
tungsvollen Quellen
FSC® C106847

© 2008, Theseus in der J. Kamphausen
Verlag & Distribution GmbH, Bielefeld
© Verlag Herder GmbH, Freiburg im Breisgau 2012
Alle Rechte vorbehalten
www.herder.de

Umschlagkonzeption: R·M·E Roland Eschlbeck
Umschlaggestaltung: Verlag Herder
Umschlagmotiv: © Designbüro gestaltungssaal,
Sabine Hanel/Alexandra Gober;
inspiriert von einer Zeichnung von © Wayne Sutherland

Herstellung: fgb · freiburger graphische betriebe
www.fgb.de

Printed in Germany

ISBN 978-3-451-07134-8

Inhalt

Einleitung

1. Woche — Der erste Schritt 15

2. Woche — Stopp! 25

3. Woche — Nur betrachten 33

4. Woche — Unangenehmes annehmen 43

5. Woche — Angenehmes loslassen 53

6. Woche — Das Beste 63

7. Woche — Zu Besuch 73

8. Woche — Angst 99

9. Woche — Kritik 111

10. Woche — Selbstliebe 131

11. Woche — Die Krönung 147

12. Woche — Übersicht 155

Literatur 159

Einleitung

In diesem Buch geht es um Sie. Alles darin dreht sich um Sie. Sie sind der Mittelpunkt. Wie es Ihnen geht, ist von höchster Wichtigkeit. Wie es Ihnen gehen könnte, von größtem Interesse. Dieses Buch handelt nämlich von der Beziehung, die Sie zu sich selbst haben. Das ist sein Thema.

Dieses Thema steht für viele von uns eher selten im Zentrum der Aufmerksamkeit. Uns damit zu beschäftigen, wie wir mit uns selbst umgehen, kommt nicht oft ganz oben auf unsere Liste. Wir konzentrieren uns gewöhnlich mehr darauf, wie wir unseren Umgang mit anderen Menschen gestalten. Wir versuchen zum Beispiel, möglichst freundlich zu sein, großzügig und hilfsbereit. Oder wir streben Überlegenheit und Macht an und versuchen andere dazu zu bewegen, sich nach unseren Wünschen zu richten. Darüber hinaus sind wir natürlich auch damit beschäftigt, unseren Lebensunterhalt zu verdienen und beruflich vorwärts zu kommen, wir kümmern uns um Haushalt und Familie und gehen unseren Freizeitbeschäftigungen nach. Bei all dem haben wir oft nicht im Blick, wie wir mit uns selbst umgehen. Wir denken nicht groß darüber nach, beschäftigen uns nicht damit.

Doch in diesem Buch soll es genau darum gehen: um den Umgang mit uns selbst. Diesen Umgang wollen wir ausführlich betrachten. Wir wollen prüfen, wie er aussieht, was er bewirkt und was nicht, um schließlich herauszufinden, wie wir diesen Umgang kultivieren können. Zu unserem Wohl natürlich.

Falls Sie also Lust haben, zur Abwechslung einmal sich selbst zu betrachten, oder Sie einfach neugierig sind; oder falls Sie es nötig und hilfreich finden und dafür auch Zeit aufbringen möchten – dann seien Sie hier herzlich willkommen. Wenn das hingegen nicht der Fall ist, dann rate ich Ihnen, das Buch wieder wegzulegen – es würde Sie nämlich wohl eher langweilen –, und verabschiede mich an dieser Stelle ganz herzlich von Ihnen.

Für die Leserinnen und Leser nun, die sich mit dem Thema befassen möchten, will ich hier kurz erläutern, worum es geht: Dieses Buch will der Frage nachgehen, wie eine glückvolle und heilsame Beziehung zu uns selbst aussehen könnte und was wir dafür tun müssten. Es will aufzeigen, wo die Quelle eines leidvollen, unglücklichen Umgangs mit uns selbst liegen kann, und beschreiben, wie daraus ein Meer von Tränen zu entstehen vermag – denn dass wir manchmal an der Beziehung zu uns selbst leiden ist nicht zu leugnen.

Wir können es ruhig zugeben – wir haben es oft schwer mit uns selbst. Wir haben gewisse Ansprüche und Erwartungen an uns, und wenn wir diese nicht erfüllen, ärgern oder schämen wir uns und wünschen, dass wir anders wären. So kritisieren wir uns, finden uns zum Beispiel dumm, langweilig, faul oder dick. Wir machen uns Vorwürfe und finden, wir sollten uns besser im Griff haben, uns mehr anstrengen, mehr können, mehr leisten, mehr wissen. Manchmal gehen wir sogar so weit, dass wir uns abwerten und ablehnen, ja geradezu hassen.

Dieses Buch geht davon aus, dass es möglich ist, einen guten Umgang mit sich selbst zu kultivieren. Wir können uns tatsächlich auch dann gut fühlen, wenn wir einmal nicht toll aussehen. Wir brauchen nicht immer Angst zu haben, man finde uns nicht liebenswert. Wir müssen uns nicht schlecht fühlen, wenn wir einen Fehler gemacht haben. Wir brauchen uns nicht dumm vorzukommen, wenn wir etwas nicht wissen. Wir müssen nicht ängstlich darauf bedacht sein, es allen recht zu machen. Wir müssen uns nicht dafür schämen, dass wir so sind, wie wir sind. Wir können ein Meer von Tränen vermeiden.

In diesem Buch wird nun jedoch nicht jede mögliche Art von Glück oder Unglück aufgespürt und diese dann ausführlich behandelt. Vielmehr liegt die Konzentration darauf, wie wir den Umgang mit uns selbst fördern und pflegen können, so dass dieser heilsam und glückvoll wird. Darüber hinaus wird untersucht, was es zu unterlassen und zu verhindern gilt, um zu einem möglichst leidfreien Umgang mit uns selbst zu gelangen.

Ein derart gepflegter Umgang fördert letztlich auch ein solides und gesundes Selbstvertrauen. Auch unsere Selbstverantwortung und Selbstbestimmung können wachsen. Und unser Herz und unser Geist werden zunehmend wohlwollender, weiser und schließlich auch gelassener. Doch nicht allein wir selbst erfahren diese positiven Auswirkungen, sondern sie zeigen sich auch im Umgang, den wir mit anderen Menschen und mit unserer Umgebung insgesamt pflegen.

Das alles klingt sehr vielversprechend, nicht wahr? Doch seien Sie gewarnt: Ganz so einfach ist es leider nicht. Den Umgang mit uns selbst zu kultivieren ist ein anspruchsvolles Ansinnen, und zum Ziel führt ein Weg, der nicht ohne Anstrengung gegangen werden kann.

Zunächst einmal müssen wir herausfinden, wie wir denn nun eigentlich mit uns umgehen. Denn ohne eine sorgfältige Untersuchung und Zustandsbeschreibung können wir nicht wissen, was wir brauchen, und somit auch keine sinnvolle Veränderung herbeiführen. Dann müssen wir herausfinden, wie denn ein guter Umgang mit uns selbst aussehen könnte. Woraus besteht er eigentlich? Aus zwei Prisen Geduld und einem Gramm Toleranz? Oder einem Kilo Liebe und Güte? Und schließlich müssen wir lernen, wie wir diese Erkenntnisse umsetzen und im Umgang mit uns selbst anwenden können.

Ob Ihnen das gelingt, hängt allerdings ausschließlich von Ihnen ab. Dieses Buch kann Ihnen zwar helfen und Sie unterstützen, es kann Ihnen Hinweise und Ratschläge geben, Ihnen Mut machen und Hoffnung vermitteln, aber es kann Ihnen nichts, aber auch gar nichts abnehmen. Es kann Ihnen die Richtung weisen, aber den Weg müssen Sie selbst unter die Füße nehmen. Und ob Sie das wollen oder nicht, können nur Sie entscheiden.

Wenn Sie es wollen, gibt Ihnen dieses Buch dafür viel Zeit. Etwas zu kultivieren braucht nämlich Zeit. Einen Gemüsegarten zu kultivieren zum Beispiel – das kann man auch nicht von einem Tag auf den anderen. Da gilt es umzugraben, zu säen, zu jäten, zu wässern, zu warten und Geduld zu zeigen … So können wir bei inneren Prozessen ebenfalls nicht erwarten, dass sich sofort Ergebnisse einstellen. Änderungen brauchen Zeit; alte Gewohnheiten abzulegen und etwas Neues zu lernen ebenso.

Darum gibt Ihnen dieses Buch eine ganze Saison Zeit. Zwölf Wochen, einen ganzen

Frühling oder Sommer, einen ganzen Herbst oder Winter lang können Sie sich diesem Prozess widmen. Schritt für Schritt werden Sie durch die Saison geführt. Jede Woche kommt etwas Neues hinzu, mit dem Sie sich die folgenden sieben Tage auseinander setzen und üben können, es in Ihrem Alltag anzuwenden.

Für diese Auseinandersetzung möchte ich Ihnen an dieser Stelle etwas ans Herz legen: Glauben Sie nicht einfach alles, was Sie in diesem Buch lesen! Das soll nicht heißen, dass Unsinn darin steht oder dass Sie alles in Zweifel ziehen sollen – nein, es geht vielmehr darum, dass Sie nicht aufhören, mitzudenken. Dass Sie das Gelesene untersuchen und es an sich selbst überprüfen, ja vielleicht auch erweitern oder Ihrer Situation anpassen – dass Sie wirklich eine wache und selbstverantwortliche Auseinandersetzung führen. Immerhin geht es ja um Sie – und wer weiß schon besser als Sie, wie es um Sie steht?

Um Ihnen diese Überprüfung wie auch die Anwendung zu erleichtern und das jeweils Erfahrene im Zusammenhang zu sehen, bietet Ihnen das Buch im letzten Kapitel eine Übersicht als Erinnerungsstütze an.

Und wenn Sie dann am Schluss des Buches Lust verspüren oder das Bedürfnis haben, die Auseinandersetzung fortzuführen, so finden Sie im Anhang einige Bücher aufgelistet, mit deren Hilfe Sie einzelne Themen vertiefen und Ihre Fertigkeiten noch verfeinern können.

Der erste Schritt

Liegt es Ihnen am Herzen, den Umgang mit Ihnen selbst zu kultivieren? Würden Sie es gern wagen? Möchten Sie es versuchen? Dann lassen Sie uns doch jetzt gleich damit beginnen.

Der allererste Schritt, den wir tun wollen, besteht darin, einen Entschluss zu fassen. Erstaunt?

Nun, eigentlich ist das gar nicht so erstaunlich. Das wird Ihnen gleich einleuchten. Ein Entschluss ist wie eine Absichtserklärung. Man fasst ein Ziel ins Auge und entschließt sich, entsprechend zu handeln. Zum Beispiel das schmutzige Geschirr in der Küche abzuwaschen. Mit dem Rauchen aufzuhören. Das Buch, das seit Monaten auf dem Nachttisch liegt, zu lesen. Oder eben den Umgang mit sich selbst zu kultivieren.

Wir müssen unsere Ziele beschließen. Ganz bewusst. Das ist der erste Schritt. Ohne diesen Entschluss geschieht gar nichts. Nichts gerät in Bewegung, alles bleibt, wie es ist. Das Geschirr wird nicht sauber, wenn Sie sich nicht dazu entschließen, es abzuwaschen. Sie rauchen weiter, wenn Sie sich nicht dazu entschließen, damit aufzuhören. Das Buch setzt weiterhin Staub an, wenn Sie sich nicht dazu entschließen, es in die Hand zu nehmen. Keine Ihrer Gewohnheiten wird sich je ändern, wenn Sie sich nicht dazu entschließen, sie zu durchbrechen.

Natürlich gibt es unterschiedliche Arten von Entschlüssen. Manche treffen wir ohne viel Federlesen, ja oft sogar mehr oder weniger unbewusst. Wir überlegen uns wohl kaum jedes Mal, ob wir beim Essen jeden einzelnen Bissen hinunterschlucken wollen oder nicht. Und wenn es uns juckt, dann kratzen wir uns, ohne vorher bewusst einen Entschluss zu fassen. Andere Entschlüsse hingegen müssen wir uns richtiggehend abringen: weniger Süßes zu essen zum Beispiel, endlich den Keller aufzuräumen, in Zukunft pünktlich zu sein, die Kinder allein in die Ferien fahren zu lassen – da kommt

Ihnen gewiss selbst einiges in den Sinn. Doch wie auch immer wir zu unseren Entschlüssen gelangen – sie kommen vor jeder Handlung, sie bilden stets deren Beginn; sie sind der erste Schritt zum Ziel.

Ein Entschluss ist sozusagen der Schlüssel, den man ins Zündschloss steckt. Ob man diesen Schlüssel dann aber dreht und den Motor tatsächlich startet, das hingegen ist nicht automatisch gegeben. Oft entschließen wir uns zu etwas, setzen diesen Entschluss aber dann nicht in die Tat um. Wir gehen spazieren, anstatt abzuwaschen. Wir schauen uns einen Film im Fernsehen an, anstatt das Buch zu lesen. Der Entschluss, mit dem Rauchen aufzuhören, ist gefasst, doch schon glimmt die nächste Zigarette auf.

Manchmal wissen wir auch nicht so recht, wie wir unsere Entschlüsse umsetzen können. Gerade wenn wir etwas Neues beginnen wollen, ist oft unklar, wie das überhaupt geht. Höchstwahrscheinlich stoßen wir auch bei dem Versuch, den Umgang mit uns selbst zu kultivieren, auf diese Schwierigkeit. *Anders mit mir selbst umgehen – ja, das will ich, aber wie fange ich das an?* Ja, wie? Oder auch – wie nicht? Sicher nicht mit der Erwartung, dass ich von Anfang an alles wissen und können muss. Auch nicht mit der Haltung, erst ganz sicher sein zu müssen, dass es klappen wird, bevor ich den ersten Schritt unternehme.

Etwas Neues ist eben zu einem großen Teil unbekannt. Ich brauche nicht alles sofort zu beherrschen. Ich kann mir Zeit lassen. Ich muss mich nur dazu entschließen, dem Neuen Beachtung zu schenken, mich dafür zu öffnen. Ich brauche nur zu beschließen, es zu versuchen, es auszuprobieren.

Etwas Neues anzugehen ist immer auch ein Abenteuer. Ich kann nie genau wissen, was alles geschehen wird. Ja, es ist ein Wagnis, Gewohnheiten aufzugeben und Altes zu verändern.

Wenn ich also erst die Garantie verlange, dass alles so geschehen wird, wie ich es mir vorstelle – und zwar genau so und nicht anders –, dann kann ich nie etwas Neues beginnen. Doch ich kann vorsichtig sein; ich kann die Dinge sorgfältig prüfen und mich immer nur so weit vorwagen, wie es sich richtig für mich anfühlt.

Lassen Sie uns an dem Punkt die verschiedenen Aspekte von Entschlüssen, die wir bis jetzt beleuchtet haben, zusammenfassen. Dazu gehen wir in den Garten.

»In den Garten? In welchen Garten? Und wozu das?«

Sie haben Recht, plötzlich ist hier die Rede von einem Garten – das muss erklärt werden.

Also: Wir haben ja den Entschluss gefasst, den Umgang mit uns selbst zu kultivieren. In einem Garten will man auch etwas kultivieren: Blumen, Gemüse, Rasen, Bäume. Wir wollen uns von alten Gewohnheiten befreien – im Garten reißt man das Unkraut aus, gräbt die Erde um. Wir wollen etwas Neues entstehen lassen – im Garten sät man aus, düngt, wässert. Um den Umgang mit uns selbst zu betrachten und etwas darüber zu lernen, können wir also auch in den Garten gehen und schauen, was dort geschieht.

Genau das werden wir im Verlauf dieses Buches noch öfter tun. Wir werden uns dem Stück Erde zuwenden, das uns zur Verfügung steht und das wir kultivieren möchten. Wir werden es blühen sehen und verblühen; manchmal wird es regnen, mal herrscht Dürre. Wir werden in unserem Garten alles Mögliche tun oder auch nicht tun.

Doch heute gehen wir mit dem Ziel hin, dieses Stück Land zu bearbeiten. Wir haben uns entschlossen, hier zu wirken. Und wenn wir nun entdecken, dass das Stück Land überwuchert ist, dass Brombeerranken und Efeu die Bäume hinaufklettern und den Boden bedecken; dass morsche Äste herumliegen und verfaultes Laub und dass wir kaum erkennen können, was alles darunter verborgen ist, dann müssen wir nicht schon heute alles freilegen. Wir können uns vornehmen, ganz allmählich und Schritt für Schritt mit dem Aufräumen zu beginnen. Wir könnten heute die Äste einsammeln und morgen einige Ranken zurückschneiden.

Vielleicht ist unser Garten aber auch sehr gepflegt. Wir entdecken Blumenbeete und Beerensträucher; der Rasen ist kurzgeschnitten, und es gibt überhaupt kein Unkraut. Doch das wollen wir möglicherweise gar nicht. Wir möchten lieber eine Wiese oder einen Gemüsegarten, vielleicht auch einen Teich. Nun, dann können wir uns ja vornehmen, diesen Garten umzugestalten. Ob uns das gelingen wird, das steht in den Sternen – aber wir können uns immerhin einen Plan zurechtlegen. Und dann können wir damit beginnen, diesen Plan umzusetzen. Schritt für Schritt.

Eines aber dürfen wir dabei nie vergessen: Es ist sinnlos, in unserem Garten Dattelbäume und Orchideen anpflanzen zu wollen, wenn es bei uns im Winter schneit. Es ist auch nicht erfolgversprechend, lehmliebende Pflanzen in kalkhaltige Erde zu setzen oder Sonneliebendes in den Schatten. Wir haben einfach dieses Stück Erde, so, wie es ist, dort, wo es ist. Wenn wir etwas ändern wollen, dann müssen wir das mit dem tun, was wir haben, und zwar dort, wo wir sind.

Doch wie auch immer wir unseren Garten gestalten möchten, es wird nichts daraus werden, wenn wir uns nicht dazu entschließen. Wir müssen den Entschluss fassen, etwas zu tun – das ist der erste Schritt. Natürlich müssen diesem ersten Schritt weitere folgen. Das ist offensichtlich. Haben wir uns zum Beispiel dazu entschlossen, Gemüse anzupflanzen, dann müssen wir die Erde vorbereiten, die Samen säen, die Keimlinge wässern und so weiter.

Abschließend wollen wir noch kurz betrachten, was in der Folge geschehen kann – nachdem wir unseren Entschluss gefasst, also den ersten Schritt getan haben. Um Radieschen zu ernten, müssen wir sie setzen. Das leuchtet ein. Doch zwischen dem Setzen und dem Ernten vergeht eine gewisse Zeit. Um Bohnen zu ernten, dauert es noch ein bisschen länger. Und um Zwetschgen vom Baum zu pflücken noch viel länger! Da verlieren wir manchmal die Geduld oder das Vertrauen und auch die Motivation: *Ich habe Bohnen gesetzt, und was ist bis jetzt geschehen? Ein paar kaum sichtbare grüne Keimlinge drücken sich durch den Boden. Ich will Bohnen essen, nicht ewig warten. Und überhaupt, was ist, wenn sich die Schnecken der Keimlinge bemächtigen und mir alles wegfressen? Vielleicht habe ich gar nichts davon! Was soll ich mich da noch weiter bemühen – immer Wasser anschleppen und ständig jäten – da gehe ich doch lieber gleich auf den Markt und kaufe Bohnen.*

Und so gerät unser Entschluss manches Mal ins Wanken. Wenn wir warten müssen, Rückschläge erleben, das Ziel in weite Ferne zu rücken scheint oder nicht mehr so vielversprechend aussieht, kann es geschehen, dass wir aufgeben. Dass wir stehen bleiben, uns abwenden und uns ein neues Ziel setzen, uns für etwas anderes entscheiden. Das ist verständlich, aber

auch sehr schade. Denn die Radieschen wie auch die Bohnen und die Zwetschgen wachsen bestimmt. Wachstum wie Veränderungen brauchen Zeit. Mal geht es schneller, mal ganz langsam. Mal gibt es eine reichliche Ernte, mal eine kleinere, mal gar keine …

Auch den Umgang mit uns selbst zu verändern bedarf der Zeit. Doch an unserem Ziel braucht sich deswegen nichts zu ändern, ja wir können uns jederzeit wieder neu entschließen. Das müssen wir sogar manchmal – gerade dann, wenn wir nicht mehr so motiviert sind, wenn Ungeduld und Zweifel aufkommen.

Wir können uns also jeden Tag neu entschließen, den Umgang mit uns selbst zu kultivieren. Uns zum Beispiel weniger streng zu behandeln oder nicht gar so oft zu kritisieren. Wir können uns entschließen, es jetzt zu versuchen. Uns heute etwas zu gönnen, die kritische Bemerkung, die uns auf der Zunge liegt, zu unterlassen. Wir können uns entschließen, Geduld zu haben und dranzubleiben. Es auch morgen wieder zu versuchen, und übermorgen.

Stopp!

Das Erste, was wir tun wollen, nachdem wir
den Entschluss gefasst haben, den Umgang
mit uns selbst zu kultivieren – nachdem wir
also den Zündschlüssel gedreht und den Motor
angelassen haben und losgefahren sind –, ist,
wieder anhalten. Nicht aussteigen, nur anhalten. Gewiss, das klingt verwirrend – kaum hat
man angefangen, gilt es schon wieder aufzuhören! Lassen Sie uns diesen Widerspruch klären.
Warum sollen wir wieder anhalten?

Wir haben uns ja zum Ziel gesetzt, den
Umgang mit uns selbst zu kultivieren. Wir
wollen die Beziehung zu uns verbessern, also
Änderungen in Gang setzen. Wenn wir aber
etwas ändern wollen, müssen wir wissen, was
es überhaupt zu ändern gibt. Dazu wiederum
müssen wir erst einmal herausfinden, wie das,
was da ist, denn eigentlich aussieht. Stellen Sie

sich nur vor, was geschähe, wenn man ein Kleid umändern wollte, ohne vorher genau Maß zu nehmen – man würde vielleicht viel zu viel wegschneiden und damit alles ruinieren.

Um überhaupt Einfluss nehmen zu können, müssen wir uns bewusst werden, wie es um uns steht. Um dies zu erfahren, müssen wir genau hinschauen. Um genau hinschauen zu können, müssen wir unsere Aufmerksamkeit auf uns richten. Um unsere Aufmerksamkeit uns zuzuwenden, müssen wir uns von anderen Dingen abwenden. Wir müssen Gedanken oder Handlungen unterbrechen, abbrechen – *stopp – jetzt schaue ich mich an. Stopp – jetzt will ich wissen, wie mein Befinden aussieht.*

Kurz gesagt: Wir müssen einen Moment lang innehalten und uns selbst zum Gegenstand unserer Betrachtung machen. Wir müssen uns sammeln und unsere Konzentration auf uns richten.

Jetzt ist gewiss klar geworden, wie das mit dem Anhalten gemeint war, nicht wahr? Und wie wichtig es für unser Unternehmen ist. Innehalten ist nämlich die Voraussetzung dafür, überhaupt sehen zu können, was ist.

Und mehr noch: Innehalten bringt uns dahin, zu sehen, was *jetzt gerade* ist. Und Einfluss nehmen können wir schließlich immer nur auf das, was *jetzt gerade* ist.

Lassen Sie mich dies noch ein wenig erläutern: Wenn ich innehalte und mich betrachte, dann sehe ich das, was ich *jetzt gerade* empfinde oder tue oder denke. Was gestern war, was ich gestern getan oder gefühlt habe, ist vorbei, ist nur eine Erinnerung. Und das, was ich morgen tun werde, ist nur eine Idee, ein Wunsch, eine Vorstellung oder ein Plan – aber nicht wirklich das, was *jetzt gerade* ist.

Ich kann höchstens feststellen, dass ich *jetzt gerade* an gestern denke oder auch an morgen.

Natürlich kann ich auch jederzeit aus der Vergangenheit Schlüsse für den gegenwärtigen Moment ziehen oder künftige Dinge vorbereiten – aber all das geschieht ja auch *jetzt gerade*. Sie sehen: Auf nichts haben wir einen größeren Einfluss als auf das, was *jetzt gerade* ist. Deshalb ist das Innehalten von so großem Wert für uns.

Doch Innehalten ist noch wertvoller. Durch Innehalten unterbrechen wir nämlich den Strom von Handlungen, die wir fortwährend ausführen. Und zwar meistens, ohne lange zu überlegen, ohne uns bewusst dazu entschlossen zu haben. Wenn es regnet, spannen wir den Schirm auf. Jemand lächelt uns an, wir lächeln zurück. Wir haben Hunger, wir essen. Das Auto braucht Benzin, wir tanken. In unserem alltäglichen Leben reagieren wir meist nur. Etwas geschieht, und wir reagieren darauf. Das ist auch gut so – wir müssen ja reagieren, müssen handeln, müssen Dinge erledigen. Sonst würden wir im Regen andauernd nass, blieben mit dem Auto liegen und würden langsam, aber sicher verhungern. Wir können im Alltag nicht fortwährend innehalten und erst einmal überlegen, bevor wir dann beschließen, wie wir nun reagieren wollen.

Ohne Entschluss jedoch reagieren wir nie – egal, ob wir ihn bewusst fassen oder er – ohne dass wir ihn erläutern könnten – auf Grund von etwas Unbewusstem entsteht. Oft fasst unsere Erfahrung einen Entschluss. Unsere Erfahrung weiß zum Beispiel, dass Regen uns nass macht und dass den Schirm aufspannen eben dies verhindert. Sie weiß auch, dass Essen den Hunger stillt.

Häufig werden Entschlüsse auch von unseren Impulsen und Gewohnheiten gefasst. Das geht dann meist blitzschnell. Wir sehen oder hören oder riechen etwas und *zack* – schon haben sie es bewertet und ihre Schlüsse daraus gezogen.

Mit dem Innehalten aber geben wir uns die Chance, bewusst auf etwas zu reagieren. Den Impulsen und Gewohnheiten zuvorzukommen. *Stopp! Langsam, langsam!* Dadurch gewinnen wir das Sagen. Wir können beschließen, was wir wollen. Das ist für uns von großem Vorteil. Denn Entschlüsse, die unsere Erfahrung, unsere Impulse oder Gewohnheiten an unserer Stelle fassen, haben für uns oft keine guten Folgen. Gerade im Umgang mit uns selbst, mit unserer Befindlichkeit, unseren Bedürfnissen und Wünschen reagieren wir oft spontan auf etwas und siehe da – es kommt nichts Gutes dabei heraus. Wir waren schlecht beraten!

Zum Beispiel kritisiert uns jemand, und sofort kommen wir uns nutz- und wertlos vor. Oder jemand bittet uns um etwas, und wir sagen ja, obschon wir eigentlich gar keine Zeit haben. Oder wir können etwas nicht und schämen uns deswegen. Blitzschnell geht das. Automatisch. Keine Chance, dazwischenzufahren – es sei denn, wir hielten inne. Mit einem *Stopp!* verschaffen wir uns die Möglichkeit, anders mit der Situation umzugehen. Wenn wir zum Beispiel etwas nicht können, brauchen wir uns nicht automatisch zu schämen. *Stopp! können wir sagen. Wie will ich darauf reagieren? Muss ich mich wirklich dafür schämen? Ich könnte jemanden bitten, mir zu helfen. Oder ich könnte mir Zeit zugestehen, es zu lernen.* Wir können bessere Lösungen finden als jene, die unsere Gewohnheiten uns anbieten.

Halten wir an dem Punkt inne – *stopp*.

Und dann lassen Sie uns hier so kurz wie möglich zusammenfassen, was es bedeutet, innezuhalten:

Stopp.

Sammlung.

Konzentration auf das, was jetzt gerade ist.

Nachdem wir nun das Innehalten ausführlich betrachtet haben und seine guten Folgen zu schätzen wissen, gehen wir zum Abschluss wieder in den Garten.

Und was tun wir dort heute? Natürlich: Wir halten inne. Wir betrachten unseren Garten, so wie er jetzt gerade ist. Vielleicht ist er voller Knospen, vielleicht liegt Schnee auf den Ästen – wir betrachten ihn einfach. Wir sehen uns die Blätter an, die Büsche, die Bäume, das Gras und die Blumen. Das ist alles, was wir tun. Wir widerstehen dem Impuls, das vorwitzige Grasbüschel auszureißen, die verlockende Erdbeere zu pflücken und zu verspeisen. Wir ziehen keine Gartenhandschuhe an und keine Gummistiefel; wir nehmen keine Heckenschere in die Hand und auch keine Hacke. Wir tun nichts, gar nichts. Wir sind einfach da und betrachten unseren Garten.

Nur betrachten

Lassen Sie uns heute zur Abwechslung am Anfang der Woche in den Garten gehen und dort kurz anschauen, was wir bis jetzt erlebt haben.

Wir haben uns entschlossen, unseren Garten zu gestalten, und damit den ersten Schritt getan. Um unser Ziel zu erreichen, haben wir weitere Schritte unternommen. Wir haben angefangen, Steine wegzuräumen und Unkraut zu jäten, doch haben wir auch immer wieder innegehalten. In diesen stillen Momenten haben wir unseren Garten betrachtet und versucht zu erkennen, was jetzt gerade vorhanden ist, was jetzt gerade für Bedingungen herrschen.

Doch bis jetzt haben wir noch nichts darüber erfahren, worauf wir bei dieser Bestandsaufnahme denn nun eigentlich achten sollten.

Was genau sollten wir betrachten? Geht es um ein Gesamtbild? Oder sollten wir auf die einzelnen Pflanzen achten? Auf ihren Zustand? Auf die Bodenbeschaffenheit? Das Wetter? Auf den Einfluss des Wetters? Und wie sollen wir das anfangen? Brauchen wir dazu bestimmte Messgeräte, Bücher, chemische Versuche, oder reicht es, einfach nur hinzusehen? Davon war tatsächlich noch nicht die Rede. Lassen Sie uns das also an dieser Stelle nachholen. Dazu gehen wir wieder zurück zu uns, zum Umgang mit uns selbst.

Stopp haben wir gesagt. Wir haben unsere Aufmerksamkeit gebündelt, auf uns gerichtet und sind jetzt bereit, uns selbst zu betrachten. Und nun ist die Frage: Was genau schauen wir an? Nehmen wir rein Äußerliches wahr, oder betrachten wir unsere Gefühle, oder konzentrieren wir uns auf unsere Gedanken? Und auf welche Weise tun wir das? Brauchen wir ein Mikroskop oder Papier und Bleistift oder Intuition?

Um das herauszufinden, ersetzen Sie einmal in Ihrer Vorstellung den Gegenstand Ihrer Betrachtung, also Sie selbst, durch etwas anderes. Zum Beispiel durch Ihr Schlafzimmer.

Haben Sie das? Sehen Sie es vor sich?

Gut. Treten Sie jetzt in Ihr Schlafzimmer ein und schauen Sie sich darin um. Versuchen Sie aufzuzählen, was Sie alles sehen.

Ein Bett, ein Bild, eine Zimmerpflanze, zwei Stühle, einen Teppich … Das ist leicht, nicht wahr?

Oder doch nicht?

Wenn Sie das Bett sehen, sind Sie sicher, dass Sie nicht gleichzeitig daran denken, wie gemütlich es ist, darin zu liegen? Dass Sie beim Anblick des Bildes nicht daran denken, wie sehr es Ihnen gefällt? Dass Ihnen beim Anblick des Teppichs nicht einfällt, dass er gesaugt werden müsste?

Wir alle haben die Angewohnheit, die Dinge nicht nur zu betrachten, so wie sie sind, sondern sie gleichzeitig zu bewerten. Wir sehen,

hören, riechen oder fühlen etwas und finden es schön oder hässlich, es gefällt uns, oder es gefällt uns nicht, wir wollen es länger betrachten oder schnell wieder weggucken, wir wollen es behalten oder loswerden. Wir denken meistens nicht nur: *Dies ist eine Jacke*, sondern: *Dies ist eine elegante* oder *unmoderne* oder *praktische Jacke*. Es bleibt kaum allein bei der Feststellung: Dies ist ein *Alfa Romeo*, ohne dass wir hinzufügen: *Toller Schlitten, so einen hätte ich auch gern*, oder *Protziges Ding, schluckt unnötig viel Benzin und verpestet die Umwelt*.

Um aber zu wissen, wie etwas wirklich ist, müssen wir es so sehen können, wie es wirklich ist. Das leuchtet ein, nicht wahr? Unsere Bewertungen hingegen verfälschen das Bild – wir sehen nur das, was wir gern hätten oder nicht hätten, was sein sollte oder könnte – nur nicht das, was wirklich ist. Wir reagieren auf den Eindruck, den etwas auf uns macht, statt auf die Sache an sich, und entfernen uns auf diese Weise vom reinen Wahrnehmen hin zum Bewerten.

Um also ein wirklichkeitsgemäßes Bild von etwas – natürlich auch von uns selbst – zu erhalten, müssen wir nur wahrnehmen, was ist, und mehr nicht. Das ist nicht immer ganz einfach. Sicher gelingt es uns eher, ein Bett in einem Zimmer zu betrachten und einzig festzustellen, welche Form es hat, welche Länge, welche Breite und so weiter, als zum Beispiel einen anderen Menschen zu betrachten, ohne das, was wir an ihm wahrnehmen, gleichzeitig zu bewerten: *Er hat einen Bart, Sommersprossen, kurze Beine und trägt einen hellen Anzug ...* und schon fahren wir fort mit: *Der Bart gefällt mir (oder auch nicht) ... mit seinen Sommersprossen erinnert er mich an ... ob der Anzug wohl viel gekostet hat?* Wir können es einfach nicht lassen! Wir können es nicht beim reinen Betrachten belassen. Um wie viel schwieriger es dann erst ist, sich selbst zu betrachten, ohne zu bewerten, das können Sie sich sicher denken.

Sich selbst zu betrachten, ohne dabei Wünsche zu haben, ohne Erwartungen und Vorstellungen, wie dieses oder jenes sein sollte, könnte, müsste, das ist nicht leicht. Probieren Sie es einmal. Versuchen Sie, Ihren Körper zu betrachten, ohne irgendeinen Kommentar dazu abzugeben. Kein *zu dick* oder *zu dünn, zu lang* oder *zu kurz*; kein *das gefällt mir* oder *ich hätte lieber …* Nur: *Das ist der Kopf, das Haar, das Gesicht; das ist der Hals, die linke Schulter, der linke Arm; das linke Bein …*

Schwierig, nicht wahr? Und dennoch: Da es für unser Unterfangen von allergrößter Wichtigkeit ist, müssen wir es einfach versuchen – und immer wieder versuchen.

Nachdem wir uns nun darüber klar geworden sind, *wie* wir uns betrachten sollten, wollen wir uns der Frage zuwenden, *was* wir betrachten wollen. Wir haben einen Körper, Gefühle, Stimmungen, Gedanken – das alles gehört zu uns und macht uns aus – und das alles wollen wir betrachten. Um auch nichts zu vergessen, können wir eine Checkliste erstellen und diese systematisch durchgehen:

Lassen Sie uns mit dem *Körper* anfangen. Der Körper ist nämlich der Teil von uns, der immer jetzt gerade vorhanden ist. Er kann gar nicht anders – er kann nicht wie die Gedanken in der Vergangenheit oder in der Zukunft herumflitzen. Darum ist er ein ausgezeichneter Ausgangspunkt.

Als Erstes wollen wir feststellen, welche Lage oder Haltung er einnimmt. Sitzen oder liegen wir, stehen oder gehen wir? Dann versuchen wir, die Berührung unseres Körpers mit der jeweiligen Unterlage bewusst wahrzunehmen. Wir spüren die Berührung mit dem Stuhl, dem Boden, dem Bett, dem Gras … Das alles stellen wir einfach fest, wir denken nicht weiter darüber nach, kommentieren es nicht, bewerten es nicht – wir versuchen einfach wahrzunehmen, was ist. Sitzen wir oder liegen wir? Stehen wir oder gehen wir?

Der nächste Punkt auf unserer Checkliste betrifft unsere *Gefühle*. Wir wollen nicht wissen, ob wir traurig sind oder fröhlich, verärgert oder missmutig. Wir wollen nur feststellen, ob unsere momentanen Empfindungen angenehm

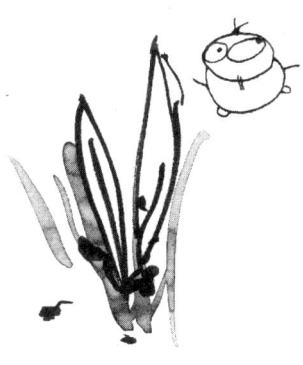

oder unangenehm oder keines von beidem sind. So richten wir unsere Aufmerksamkeit auf unser momentanes Gefühl und stellen fest: Ist es angenehm? Ist es unangenehm? Ist es neutral? Auch hier denken wir nicht darüber nach, sondern stellen einfach fest, wie es ist, und gehen dann zum nächsten Punkt auf unserer Checkliste weiter.

Auf dieser kommt als Drittes unser *Kopf* an die Reihe. Wie sieht es darin aus? Wir richten unsere Aufmerksamkeit auf unseren Geisteszustand und versuchen festzustellen, wie er momentan ist: Ist unser Geist eher schläfrig oder eher unruhig oder einfach wach? Ist er müde, träge, stumpf, langsam, schwerfällig oder verschlossen? Oder eher aufgeregt, zerstreut, sprunghaft, leicht ablenkbar, zerfahren, unkonzentriert? Oder eher wach, konzentriert, aufmerksam, klar, frisch? Wie ist er? Was für ein Klima herrscht vor?

Nachdem wir festgestellt haben, in welchem Zustand sich unser Kopf befindet – natürlich auch hier wieder möglichst ohne Kommentar oder Wertung –, gehen wir zu dem über, was sich in unserem Kopf abspielt. Woran denken wir jetzt gerade? Welche *Gedanken* gehen uns durch den Kopf? Wir denken nicht über diese Gedanken nach, sondern stellen sie einfach fest.

Damit sind wir am Ende unserer Liste. Wir haben ein vollständiges und vor allem ein von Wertungen unverfälschtes Bild unseres momentanen Zustandes gewinnen können. Und somit sind wir nun startbereit.

Checkliste	
Körper	Sitzen? Liegen? Stehen? Gehen? Berührung mit Unterlage wahrnehmen *mehr nicht*
Gefühle	Angenehm? Unangenehm? Neutral? *mehr nicht*
Geisteszustand	Schläfrig? Unruhig? Wach? *mehr nicht*
Geistesinhalt	Welche Gedanken sind da? *mehr nicht*

Unangenehmes annehmen

Seit drei Wochen sind wir dabei, uns vorzubereiten. Wir haben einen Entschluss gefasst, wir haben innegehalten und versucht, uns so zu sehen, wie wir jetzt gerade sind. Und nun sind wir startbereit und wollen uns dem zuwenden, um das es uns schlussendlich geht:

Wir möchten den Umgang mit uns selbst kultivieren. Wir möchten wissen, wie wir uns Leiden ersparen können und was uns gut tut. Wir möchten herausfinden, wo wir etwas ändern könnten oder sogar sollten.

Fangen wir also an – oder besser: fahren wir fort. Voraussetzungen für etwas zu schaffen ist ja ebenfalls ein Teil der Arbeit, nicht wahr? Und wir haben bereits viel unternommen!

Wir haben in unserem Garten schon Bohnen gesetzt und Unkraut gejätet; wir wissen, ob es Winter ist oder Sommer, ob die Erde sauer ist oder eher kalkhaltig, und wir haben verschiedene Bäume bestimmen können.

Wir haben uns aber auch schon darüber aufgeregt, dass das Gras so hoch gewachsen ist. Auch die Farbe der Rosen gefällt uns nicht. Und das Unkraut reißen wir manchmal so verbissen aus, dass unsere Hände von Dornen zerstochen sind und der Brennnesseln wegen jucken. Es passt uns nämlich einiges nicht an unserem Garten. Und darüber haben wir uns aufgeregt und vielleicht sogar geflucht oder gejammert oder sind verzweifelt. Und wissen Sie was? Gerade da entsteht viel Leiden, das wir uns ersparen können.

Dem wollen wir jetzt auf den Grund gehen. Versuchen Sie sich zu dem Zweck daran zu erinnern, was Ihnen letzthin im Alltag an Unange-

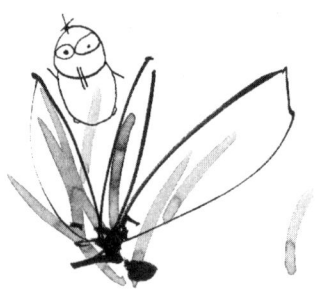

nehmem begegnet ist. Was hat Ihnen nicht behagt? Was hat Ihnen nicht in den Kram gepasst? Vielleicht hatten Sie Schmerzen oder waren bedrückt? Vielleicht haben Sie Dinge gesagt, die Sie später bereuten, oder einen Fehler gemacht?

Dann versuchen Sie einmal zu bestimmen, was all dem Unangenehmen, das Sie erlebt haben, gemeinsam ist. *Worauf kommen Sie da?* Grübeln Sie aber nicht zu lange – es ist nämlich ganz banal: All dem Unangenehmen ist gemeinsam, dass Sie es nicht mögen!

Das geht uns übrigens allen so. Unangenehmes zeichnet sich dadurch aus, dass wir es eben nicht angenehm oder wohltuend finden. Es erfreut uns keineswegs. Das ist klar und sicher völlig natürlich.

Ebenfalls klar und natürlich ist unsere spontane Reaktion auf Unangenehmes. Wir reagieren nämlich mit Ablehnung darauf. Wir mögen es nicht, wir finden es nicht gut, ja wir werten es ab und sind ihm gegenüber keineswegs freundlich gestimmt. Und selbstverständlich möchten wir es so schnell wie möglich loswerden.

Doch ob wir etwas mögen oder nicht, es ablehnen oder nicht, es loswerden wollen oder nicht: Es ist trotzdem da. Es ist schlicht so, wie es ist.

Wenn wir Bauchweh haben, traurig sind, etwas falsch machen oder fettige Haare haben – dann ist das eben so. Ob uns das passt oder nicht, wir es toll finden oder nicht – es ist einfach so.

Wir sind manchmal begriffsstutzig und ungeschickt, ängstlich und verwirrt, unhöflich und launisch. Wir haben Schwächen, wir machen Fehler – das ist eben einfach so. Wir sind, wie wir sind.

Sich darüber aufzuregen, wütend oder traurig zu werden ändert daran gar nichts. Das gilt auch für die Dinge in unserem Garten. Sie können sich zum Beispiel bei Ihren Brombeeren über deren Dornen beklagen und sie sogar anschnauzen: *Ich will ab sofort keine Dornen mehr an euch sehen!*, ohne dass das die Brombeeren im Geringsten beeindrucken würde. Sie sind, wie sie eben sind. Sie werden nicht weniger dornig, wenn Sie zetern oder Tränen über sie vergießen und flehen: *Habt bitte, bitte keine Dornen mehr!*

Es bleibt uns wohl oder übel nichts anderes übrig, als zu akzeptieren, dass die

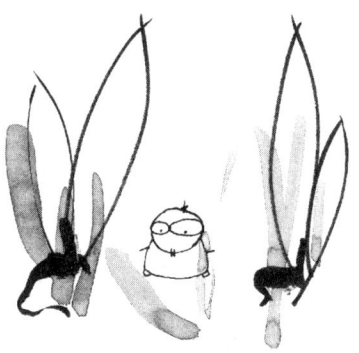

Brombeeren Dornen haben, und sie so anzunehmen, wie sie sind.

Und wie wir im Hinblick auf unseren Garten nicht anders können, als die Dinge anzunehmen, wie sie sind, so haben wir auch sonst im Leben keine Wahl: Wir müssen letztlich auch uns selbst annehmen, wie wir sind. Alles Unangenehme inbegriffen!

Das mag zwar schwierig klingen und auch schwierig sein, aber seien Sie versichert: Dies zu tun bringt uns große Erleichterung und ist äußerst sinnvoll und fruchtbar. Wir tun uns nämlich keinen Gefallen, wenn wir uns ablehnen. Ganz im Gegenteil. Und was können Brombeeren dafür, dass sie dornig sind?

Eigentlich nichts, oder? Sie deswegen abzulehnen, sie gar zu hassen ist sinnlos. Ja sogar eher von Übel. Wenn man sie nämlich wutentbrannt ausreißt, können keine Beeren mehr heranreifen. Und wenn wir uns abwenden und die Beeren aus Enttäuschung verfaulen lassen, ist auch niemandem gedient. Bei uns selbst ist es nicht anders – unsere unangenehmen Gefühle, unsere Schwächen und Fehler, unser Aussehen, überhaupt uns selbst abzulehnen ist ebenfalls von Übel.

Überlegen Sie nur einmal, was geschieht, wenn wir etwas ablehnen – ja was eine ablehnende Haltung eigentlich alles mit sich bringt: Abwertung, Ärger, Wut, Hass und Abscheu in allen Schattierungen. Auch Ungeduld und Vorwürfe, Unfreundlichkeit und Lieblosigkeit. Tatsächlich ziemlich Unschönes, nicht wahr?

Eine annehmende Haltung hingegen ist ganz anders. Sie akzeptiert und respektiert. Sie macht Vorschläge anstatt Vorwürfe. Sie ist hilfsbereit statt unfreundlich, wohlwollend anstatt eklig. Sie wertet nicht ab, ist geduldig und tolerant. Das spricht für sich, oder?

Wenn wir uns also Gutes tun wollen, dann tun wir das offensichtlich am besten, indem wir uns gegenüber eine annehmende Haltung einnehmen. Indem wir akzeptieren, dass wir Fehler haben und Schwächen, dass wir vieles nicht wissen, vieles nicht können, manchmal gut aussehen und manchmal nicht – ja überhaupt, dass wir sind, wie wir sind.

Etwas anzunehmen und zu akzeptieren bedeutet nun aber natürlich nicht, dass wir resignieren oder alles »schlucken«. Wir wollen weder auf unseren Fehlern und Schwächen sitzen bleiben, noch alles Unangenehme einfach aushalten. Etwas anzunehmen bedeutet vielmehr, eine respektvolle Haltung einzunehmen – verankert im Wissen darum, dass alles eben so ist, wie es ist.

Eine solche Haltung einzunehmen bedeutet keineswegs, dass wir nichts tun. Es kann manchmal recht schwierig sein und große Mühe erfordern, gerade unangenehmen Dingen gegenüber respektvoll zu sein. Doch die Mühe lohnt sich. Ja, es geht sogar gerade darum, sich Mühe zu geben – so nämlich kultivieren wir den Respekt.

Respekt sieht, dass das, was da ist, auch das Recht hat, da zu sein. Respekt gibt dem, was da ist, Raum. Respekt akzeptiert, dass die Dinge auf der Welt nicht zwangsläufig so sein müssen, wie sie uns passen. Respekt sieht davon ab, die Dinge auf der Welt schlecht zu behandeln, nur weil sie nicht so sind, wie wir sie gern hätten. Respektvoll zu sein bedeutet nicht, dass wir Dinge, die wir nicht mögen, gleichwohl mögen müssen – es heißt nur, deren Dasein anzunehmen.

Wenn wir respektieren, dass wir zum Beispiel einen Fehler gemacht haben oder etwas nicht wissen, wenn wir respektieren, dass uns etwas peinlich ist oder wir traurig, gekränkt, bedrückt oder verärgert sind, dann haben wir genau das kultiviert, was erforderlich ist, um das Unangenehme angenehmer werden zu lassen. Wir können dann nämlich Verständnis und Geduld walten lassen; wir können uns verzeihen, trösten und uns auf den Weg machen, unsere Lage zu verändern.

Lassen Sie uns zum Schluss noch einmal alles zusammenfassen: Wir haben verfolgt, was geschieht, wenn wir etwas Unangenehmes empfinden oder erleben. Dabei haben wir erkannt, dass wir es gewöhnlich ablehnen und meist schleunigst wieder loswerden möchten. Wir haben dann jedoch erkannt, das alles so ist, wie es ist – auch Unglück und Leiden und Unschönes und Blödes und Hässliches. Alles Toben und Grollen, alles Zetern und Klagen, alles Heulen und Schluchzen nützt uns nichts. Unangenehmes gibt es auf dieser Welt genauso wie Angenehmes. Reagieren wir also voller Ablehnung und ohne Respekt auf das, was wir nicht mögen, handeln wir uns noch mehr Unangenehmes ein. Begegnen wir den Dingen hingegen mit Respekt, verschonen wir uns und andere vor weiterem Leid.

So wollen wir heute zum Abschluss in unseren Garten gehen und dort versuchen, respektvoll zu sein. Wir wollen eine Haltung kultivieren, in der wir allem – wirklich allem – mit Respekt begegnen: auch Unkraut und Ungeziefer, Hagel und Frost, Unreifem wie Verblühtem.

Wir wollen versuchen, anzunehmen, dass der Löwenzahn seine Samen auf den Rasen schweben lässt, und zu respektieren, dass der frisch gejätete Hahnenfuß schon wieder nachgewachsen ist. Wir müssen all das Unkraut in unserem Garten nicht mögen, wir können es sogar ausreißen, doch wir sollten niemals vergessen, dass alles ist, wie es ist. Dieses Wissen hilft uns dann auch, die Schnecken, die unseren schönen Salat anknabbern, zu respektieren. Und den Wurm im Apfel ebenfalls.

Angenehmes loslassen

In der vergangenen Woche haben wir uns vor allem mit dem Unangenehmen beschäftigt. Diese Woche nun wollen wir uns dem Angenehmen zuwenden.

Doch halt, freuen Sie sich nicht zu früh! Wenn Sie glauben, Sie könnten sich nun einfach zurücklehnen und die Sache genießen, befinden Sie sich leider im Irrtum. Der Umgang mit dem Angenehmen kann nämlich seine Tücken haben und ist keineswegs immer ganz einfach. Doch brauchen Sie den Kopf deswegen nicht hängen zu lassen. Wir unternehmen ja all diese Anstrengungen, um immer besser mit uns umzugehen und unser Glück anwachsen zu lassen.

An dieser Stelle eine kleine Rückbesinnung: Denken Sie bitte daran, dass Sie neue oder schwierige Dinge nicht von Anfang an beherrschen müssen; Sie dürfen Fehler machen und Zeit brauchen. Wichtig ist allein, dass Sie es überhaupt versuchen. Und wie Sie vorige Woche erkannt haben, können Sie auch Ihr Lernen mit Respekt behandeln, was es um einiges leichter macht.

Und jetzt zurück zum Angenehmen. Das gibt es ja zum Glück auch auf dieser Welt. Es gibt Rosen, die wunderbar duften. Es gibt einen wolkenlos blauen Himmel und flammendrote Sonnenuntergänge. Das alles gefällt uns sehr gut, nicht wahr? Unsere Bohnen gedeihen prächtig, und auch das gefällt uns. Es gefällt uns ebenso, wenn wir etwas gut können oder glücklich sind, wenn wir uns in unserem Körper wohl fühlen und gute Laune haben. Wir mögen es, Komplimente zu erhalten, nett und liebevoll behandelt und ernst genommen zu werden. Und natürlich finden wir es schön, wenn unsere Bedürfnisse erfüllt werden und wir das bekommen, was wir uns wünschen.

Das Angenehme auf dieser Welt gefällt uns, das ist klar. Ganz im Gegensatz zum Unangenehmen!

54

Ebenfalls im Gegensatz zum Unangenehmen – das wir ja nicht mögen und loswerden wollen – möchten wir das Angenehme auf keinen Fall loswerden. Im Gegenteil, wir wollen, dass es andauert – wir wollen es nicht wieder hergeben. Wir möchten es behalten, noch mehr davon haben. Das ist ganz natürlich. Es gefällt uns eben.

Aber leider lässt sich nichts auf dieser Welt behalten. Alles verändert sich – es kommt, ist da und geht wieder – so auch das Angenehme.

Wie schön warm die Sonne in unserem Garten scheint. Wir liegen wohlig ausgestreckt im Gras und genießen es, dass unsere nackten Arme und Beine von der Sonne gestreichelt werden. Doch plötzlich wird es merklich kühler, uns fröstelt. Eine Wolke hat sich vor die

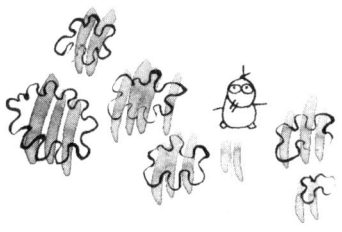

Sonne geschoben. Und *schwups!* – schon ist es vorbei mit dem Angenehmen.

Und jetzt – was sollen wir tun? Was meinen Sie? Wie reagieren wir wohl am besten auf die Vergänglichkeit des Angenehmen?

Wenn wir uns über diese Wolke, die uns die Wärme gestohlen hat, tüchtig aufregen, verschiebt sie sich deswegen um keinen Zentimeter, da stimmen Sie sicher zu. Und höchstwahrscheinlich bewegen unsere Tränen sie auch nicht dazu, uns aus der Sonne zu gehen. Das bringt also gar nichts.

Es ist wohl eher angeraten, das zu tun, was wir im Umgang mit dem Unangenehmen gelernt haben: Wir müssen die Wolke wohl oder übel annehmen. Ob Angenehmes oder Unangenehmes: Wir müssen akzeptieren, dass die Dinge so sind, wie sie sind. Und die Dinge verändern sich eben ständig. Etwas Schönes kommt, ist da und vergeht wieder. Wir buchen Ferien am Meer, freuen uns schon Wochen vorher darauf, fahren schließlich los, verbringen wundervolle Tage mit Schwimmen und Muscheln sammeln und werden braun. Dann geht es wieder heim. Der Urlaub ist vorbei. Und vorbei ist es auch eines Tages mit uns selbst: Wir werden sterben und alles noch so Schöne hinter uns lassen müssen. So ist es eben.

Angesichts dieser Tatsache können wir dem Angenehmen gegenüber – wie wir es schon beim Unangenehmen getan haben – eine Haltung kultivieren, die uns viel Leid erspart.

Lassen Sie uns diese hier herauskristallisieren, indem wir zunächst die Haltungen betrachten, die weniger gute Folgen mit sich bringen: Wenn sich jemand zum Beispiel angesichts einer wunderschönen, süß duftenden Rose die Nase zuhält, um sie nicht zu riechen, oder den Kopf abwendet, um sie nicht zu sehen, so ist das ein wenig übertrieben, da stimmen Sie sicher zu. Oder wenn jemand die Fensterläden geschlossen lässt, damit der strahlende Tag nicht ins Zimmer dringt. Eine Haltung, die das Schöne nicht genießen will, scheint sinnlos und quälerisch zu sein.

Es gibt eigentlich keinen guten Grund, uns über das Angenehme nicht zu freuen und es nicht zu genießen. Im Gegenteil, es spricht viel mehr dafür, das Angenehme, wenn es da ist, auch wirklich zu genießen. So kultivieren wir nämlich Freude, wir säen und ernten sie. Wir gewinnen Hoffnung und Kraft, wir erleben Schönes und Wohltuendes. Wir haben gute Laune und freuen uns des Lebens.

Indem wir also das Angenehme genießen, tun wir uns viel Gutes. Und genau das wollen wir ja.

Lassen Sie uns also genießen, was es an Schönem in unserem Leben gibt. Alle netten Worte und Gesten, unsere Erfolge, all unsere Glücksgefühle und auch den Sonnenschein.

Und lassen Sie uns voller Genuss in den Apfel beißen, den wir eben vom Baum gepflückt haben. *Köstlich, ich liebe diese Sorte, ein bisschen herb im Geschmack, aber doch süß. Und so frisch.* Doch halt – stopp – Achtung! Hier wird es tückisch. Hier gilt es aufzupassen:

Vergessen wir beim genussvollen Verzehr dieses Apfels auf keinen Fall, dass diese Freude nicht ewig dauern kann. Sonst kann es nämlich geschehen, dass wir den nächsten pflücken, um den Geschmack noch einmal auf der Zunge zu spüren. Und dann noch einen und noch einen, und am Schluss bekommen wir Magenschmerzen.

Zu ignorieren, dass wir etwas zwar genießen können, der Genuss aber vergänglich ist, kann offensichtlich böse Folgen haben! Wann immer wir das vergessen, wir die Vergänglichkeit umgehen wollen, handeln wir uns Leidvolles ein. Wir bemühen uns dann nämlich auf jedwede Art, das Angenehme andauern zu lassen oder zurückzubekommen – doch dabei ist die Enttäuschung schon inbegriffen.

Zum einen ist uns irgendwann nämlich auch das Allerbeste und Allerschönste verleidet. Stellen Sie sich vor, Sie würden Ihr Lieblingsklavierkonzert nicht nur einmal hören, sondern zwei-, drei-, vier- oder sogar fünfmal hintereinander. Mit der Zeit würden Sie des Stückes überdrüssig werden. Die Freude an dieser Musik wäre Ihnen vergangen. Sie möchten endlich wieder etwas anderes hören.

Zum anderen geschieht es uns, dass wir dem Angenehmen hinterherlaufen, ohne es je wirklich einfangen zu können. Wir planen Dinge, um eine gute Zeit zu haben – eine spannende oder eine ruhige und gemütliche; wir vermeiden Dinge, damit alles so bleibt, wie es ist – die Spannung nicht nachlässt und die Ruhe nicht gestört wird. Und wir malen uns aus, wie es noch besser werden könnte – noch spannender, noch gemütlicher. Und dennoch entschlüpft uns all das Angenehme immer wieder. In der Tat gießen wir im Grunde ständig Wasser in ein Sieb. Alles verrinnt: die glücklichen Momente, die schönen Dinge, die angenehmen Gefühle.

Das alles klingt wirklich frustrierend, nicht wahr? Doch eigentlich muss es das nicht sein. Nur wenn wir erwarten, dass ein Sieb sich mit Wasser füllt, werden wir enttäuscht. Wenn wir wollen, dass Äpfel nie verfaulen und Rosen nie verblühen; wenn wir hoffen, dass die Menschen immer nett sind und wir uns immer so gut fühlen wie jetzt gerade, dann werden wir garantiert früher oder später eine Enttäuschung erleben. Erwarten wir das aber gar nicht, fällt diese Enttäuschung fort.

An diesem Punkt wollen wir die Aufzählung der Verhaltensweisen, die für uns keine guten Folgen haben, beenden. Gewiss hat sich im Verlauf dieser Beobachtungen herauskristallisiert, dank welcher Haltung wir Leiden verhindern können.

Fassen wir sie kurz zusammen: *Genießen wir, was jetzt gerade angenehm ist, und lassen wir es dann wieder los.* Klingt einfach, nicht wahr? Ja, das Angenehme zu genießen ist tatsächlich nicht schwer. Wir mögen es ja. Aber es wieder loszulassen fällt uns schon schwerer. Wir möchten ja mehr davon, möchten es behalten. Doch gerade das Loslassen ist nötig. Im Wissen darum, dass wir das Angenehme sowieso nicht behalten können, müssen wir es loslassen.

Loslassen heißt jetzt aber nicht, dass wir aufhören sollen, zu genießen. Dass wir uns zum Beispiel sagen: *Es ist so schön, im Garten in der Sonne zu sitzen – aber wenn ich das ja sowieso loslassen muss, dann gehe ich lieber gleich wieder ins Haus und vergesse den Sonnenschein.*

Nein – loslassen heißt nicht, sich etwas zu versagen. Loslassen heißt auch nicht, dass uns etwas egal wird, wir das Interesse daran verlieren. Im Gegenteil – loslassen bedeutet, das Leben, alle Dinge und natürlich auch uns selbst zu bejahen.

Loslassen lässt nämlich die Dinge sein, wie sie sind; akzeptiert, dass sie sich verändern. Loslassen erlaubt den Dingen, ihren natürlichen Lauf zu nehmen. Es steht ihnen nicht im Weg; es gibt ihnen den Raum, den sie brauchen, um sich zu entwickeln. Loslassen will nichts erzwingen oder fesseln. Loslassen ist gütig, großzügig und tolerant.

Das Angenehme loszulassen ist ebenso bedeutsam wie das Unangenehme zu respektieren. Beide Haltungen fördern ein liebevolles und tolerantes Verhältnis dem Leben und uns selbst gegenüber. Und auch wenn es nicht immer einfach ist, so lohnt es sich doch, uns mit dem Loslassen Mühe zu geben. Uns zuliebe.

Nun wollen wir das Thema loslassen und wie gewohnt zum Abschluss in den Garten gehen.

Wir erfreuen uns am samtigen Violett der Veilchen, am üppig blühenden Flieder, an der warmen Sonne und der milden Luft, am Summen der Bienen. Dieser Frühlingstag ist einmalig und kostbar. Wir wissen, dass die Veilchen verblühen werden und der Flieder ebenfalls. Wir sind uns klar darüber, dass die Bienen verstummen werden, die Sonne untergehen und es kühl werden wird. Und wir genießen das, was jetzt ist, umso mehr.

Das Beste

Wir sind nun in der sechsten Woche angelangt, haben also nahezu die Hälfte unseres Weges zurückgelegt. Ein guter Zeitpunkt, um einen Augenblick innezuhalten und auf den ersten Teil des Weges zurückzublicken, bevor wir den zweiten Teil unter die Füße nehmen.

Vor fünf Wochen haben wir damit begonnen, uns mit den ersten Schritten auf diesem Weg zu befassen: Wir haben den Entschluss gefasst, den Umgang mit uns selbst zu kultivieren. Das war wichtig, um überhaupt anzufangen. Durch Innehalten und das Betrachten dessen, was jetzt gerade ist, haben wir anschließend versucht, uns ohne Bewertung zu erkennen – also uns wirklich so zu sehen, wie wir sind.

Dabei haben wir Unangenehmes entdeckt, Dinge, die wir an uns nicht mögen, aber auch Angenehmes, nämlich Dinge, die wir mögen.

Wir haben erkannt, dass alles ist, wie es ist, und sich ständig verändert. Das haben wir zu akzeptieren versucht, und wir haben uns Mühe gegeben, alles anzunehmen und auch wieder loszulassen. So haben wir die Grundlagen dafür geschaffen, unseren Umgang mit uns selbst zum Besseren zu verändern.

Nun sind wir bereit, auf diesen Grundlagen aufzubauen. Wir können uns jetzt ganz gezielt den Dingen zuwenden, die wir in unserem Leben angehen möchten. Natürlich werden das bei jeder und jedem von uns andere Dinge sein. Wir sind ja alle verschieden, und dementsprechend pflegen wir auch alle einen unterschiedlichen Umgang mit uns selbst. Bei den einen herrscht zum Beispiel Strenge vor, bei anderen Angst. Manche von uns sind sehr selbstkritisch und lassen kein gutes Haar an sich, andere wie-

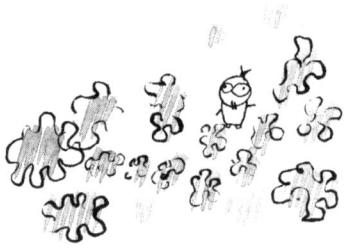

derum mögen sich nichts gönnen, schon gar keine Entspannung, sondern treiben sich fortwährend an. So haben wir alle an einem anderen Punkt anzusetzen. Wir brauchen ganz Verschiedenes, um unseren Umgang mit uns selbst zu verändern – nämlich etwas, das uns genau da, wo wir jetzt gerade sind, unterstützt.

Um auf den Grundlagen aufzubauen, brauchen wir nun gezielte Anleitungen, wie wir es genau anpacken sollen. Wir möchten zum Beispiel wissen, wie wir am besten mit unserer Strenge umgehen. Wann sollen wir uns in Ruhe lassen, wann ist es besser, uns anzutreiben? Wie viel Strenge brauchen wir? Brauchen wir sie überhaupt? Und wie sollen wir mit unseren Schwächen umgehen? Sollen wir versuchen, sie zu beseitigen oder sie in Stärken zu verwandeln, oder sollen wir sie einfach sein lassen? Wonach sollen wir uns richten? Was ist das Heilsamste, was ist unserem Wohl am förderlichsten – kurzum, was ist das Beste für uns? Mit dieser Frage werden wir uns nun auf der zweiten Wegstrecke befassen.

Nun ist es allerdings so, dass niemand außer uns selbst wirklich wissen kann, was jetzt gerade das Beste für uns ist. Es ist unmöglich – und auch unsinnig –, eine Antwort für jede nur erdenkliche Situation parat zu haben. Wir müssen von Fall zu Fall selbst entscheiden, was für uns richtig ist. Doch wir können uns bei unseren Entscheidungen an etwas orientieren. Zum Beispiel an Richtlinien.

So wollen wir hier versuchen, gewisse Richtlinien herauszukristallisieren, die einem guten Umgang mit uns selbst förderlich sind, in welcher Situation auch immer – sozusagen Orientierungshilfen, die uns bei unseren ureigenen Entscheidungen beistehen können. Das klingt vielversprechend, nicht wahr? Aber Achtung! Hier ist eine kleine Warnung angeraten: Einer Richtlinie zu folgen heißt nämlich nicht, automatisch »das Richtige« zu finden. Eine Richtlinie zeigt nur die Richtung an. Das sollten wir nicht vergessen.

Befassen wir uns nun also mit der Frage: *Was ist das Beste für mich?* Dazu machen wir ein kleines Experiment. Überlegen wir uns als Erstes einmal, wen wir so richtig gern haben.

Stellen Sie sich diesen Menschen vor. Sehen Sie ihn?

Gut. Dann wollen wir als Nächstes aufzählen, was unserer Meinung nach das Beste für diese Person wäre.

Haben Sie das getan? Und – was kam dabei heraus? Was steht auf Ihrer Liste?

Gibt es darauf irgendetwas, das der geliebten Person Schaden zufügt? Oder das sie unglücklich macht? Wohl kaum, nicht wahr? Ihre Liste besteht doch sicher eher aus Dingen, die dieser Person gut tun, sie glücklich machen, von Leiden befreien und ihr keine Schmerzen zufügen. Sie wünschen ihr ja das Beste.

Dieses kleine Experiment zeigt uns etwas, das auch für uns gilt. Sind wir uns nämlich wohlgesinnt – was uns anderen gegenüber oft besser gelingt –, steht auf unserer Liste ebenfalls viel Förderliches und Heilsames. Das Beste für uns anzustreben heißt offensichtlich, uns möglichst nicht zu schaden, uns möglichst glücklich zu machen. Es heißt, in jeder Situation das zu kultivieren, was uns gut tut, und das zu unterlassen, was uns nicht gut tut.

Ja, aber was tut uns denn nun gut und was nicht? Lassen Sie uns gemeinsam versuchen, ein paar Dinge aufzählen. Diesmal wollen wir jedoch an uns selbst denken: Es tut uns gut, wenn wir Geduld mit uns haben, wenn wir uns gegenüber gütig und tolerant sind. Wir tun uns nicht gut, wenn wir uns lieblos behandeln, uns beschimpfen und abwerten. Es tut uns gut, wenn wir unsere Bedürfnisse ernst nehmen. Es tut uns nicht gut, wenn wir uns keinen Respekt zukommen lassen. Es tut uns gut, uns über unsere Erfolge zu freuen. Nicht gut tut uns, rücksichtslos gegen uns zu sein, kalt, gar grausam. Gut tut uns, fürsorglich mit uns umzugehen, liebevoll und großzügig. Und so fort …

Ihnen kommen bestimmt weitere Punkte in den Sinn, ja diese Liste könnte noch lange fortgesetzt werden. Lange Listen sind jedoch unübersichtlich, deshalb wollen wir versuchen, die verschiedenen Dinge zu ordnen und zusammenzufassen. Dabei schälen sich drei Grundhaltungen heraus, die einzunehmen uns gut tun: *uns gegenüber liebevoll zu sein, uns gegenüber Mitleid zu haben und uns am Guten zu freuen.*

Lassen Sie uns diese drei Grundhaltungen uns selbst gegenüber ein wenig näher betrachten. Die erste Grundhaltung ist das *Mitgefühl.*

Das kommt überall da vor, wo Wohlwollen und Wärme vorherrschen und wir liebevoll und fürsorglich mit uns umgehen. Wo wir uns gegenüber einfühlsam, behutsam und aufmerksam sind. Sind wir uns gegenüber von Mitgefühl erfüllt, behandeln wir uns rücksichtsvoll und nehmen uns ernst; wir respektieren uns und mögen uns so, wie wir sind. *Möge ich glücklich sein, möge es mir gut gehen, möge ich frei sein von Schmerzen und Leiden*, sagen wir uns, wenn wir uns gegenüber mitfühlend sind.

Die zweite Grundhaltung ist das *Mitleid*. Dieses zeigt sich in der Güte und Geduld unserem ganzen Wesen gegenüber. Wir haben Erbarmen mit unseren Schmerzen und Leiden, ja auch mit unseren Schwächen und Fehlern. Wir sind nachsichtig und tolerant. Wir verzeihen uns und tragen uns nichts nach, sind freigebig und großzügig und weisen Hilfe und Unterstützung nicht ab. *Was täte mir gut?*, fragen wir uns, wenn wir uns voller Mitleid begegnen. *Wie kann ich mir helfen? Was könnte ich mir zuliebe tun? Was brauche ich?*

Die dritte Grundhaltung ist die *Mitfreude*. Sie tritt dann auf, wenn wir uns freuen angesichts unserer Freude. Wenn wir uns darüber freuen, dass uns etwas Gutes widerfährt; uns loben, wenn uns etwas gelungen ist; wir stolz sind auf das Gute, das wir hervorgebracht haben. Mitfreude drückt sich auch darin aus, dass wir uns Gutes gönnen, es uns zugestehen und uns erlauben, es zu genießen. Die Mitfreude sieht all das Erfreuliche auf dieser Welt und freut sich daran. *Wie schön! Das habe ich gut gemacht, das gönne ich mir*, sagen wir uns, wenn wir uns gegenüber mitfreudig sind.

Mit diesen Grundhaltungen haben wir also drei Richtlinien, die uns konkret bei unseren Entscheidungen helfen können. An ihnen können wir uns orientieren, wenn wir jeweils herauszufinden versuchen, was das Beste für uns sein könnte.

Doch Mitgefühl, Mitleid und Mitfreude sind noch mehr als nur Richtlinien: Sie sind drei der heilsamsten und förderlichsten Geistes- und Gemütszustände, in denen wir uns aufhalten können. Sie zu kultivieren ist nicht nur das Beste für uns – es ist überhaupt das Beste, denn diese drei Haltungen fördern in jeder Situation Heilsames: Sie schaffen Harmonie und stiften

Frieden. Sie können unsere Wunden heilen und unsere Spannungen lösen. Sie schützen uns vor ungerechter Härte und Strenge. Sie überwinden Zorn und Ärger, Missmut und Bitterkeit, Geiz und Missgunst. Ob wir ängstlich oder wütend sind, mutig oder schwach, ob wir lieben oder hassen – Mitgefühl, Mitleid und Mitfreude kultivieren stets das Beste für unsere Situation.

An dieser Stelle möchte ich Ihnen ganz dringend raten, das alles selbst zu überprüfen. Denn diese drei Grundhaltungen zu kultivieren ist für den Umgang mit uns selbst von zentraler Bedeutung. Glauben Sie es nicht einfach, überprüfen Sie es. Denken Sie darüber nach, stellen Sie Fragen. *Schafft Mitgefühl wirklich Frieden? Wie fühlt es sich eigentlich an? Woran merke ich, dass ich mitfühlend bin? Wie gehe ich mit mir um, wenn ich Mitleid mit mir habe? Wie drücke ich meine Mitfreude aus? Was bringt es mit sich, diese Haltungen zu kultivieren?*

Mit der Aufforderung zur Überprüfung der drei Richtlinien wollen wir diese Woche abschließen. Und am Ende wie gewohnt noch einmal in unseren Garten gehen.

Dort wollen wir drei Pfade anlegen: je einen für das Mitgefühl, das Mitleid und die Mitfreude. Diese können wir gestalten, wie wir wollen: breit oder schmal, mit Gras oder mit Kies bedeckt – das spielt keine Rolle. Wichtig ist nur, dass sie durch unseren Garten führen. Und dass wir versuchen, diese drei Pfade zu benutzen, statt unsere alten ausgetretenen Wege. Die lassen wir einfach zuwachsen.

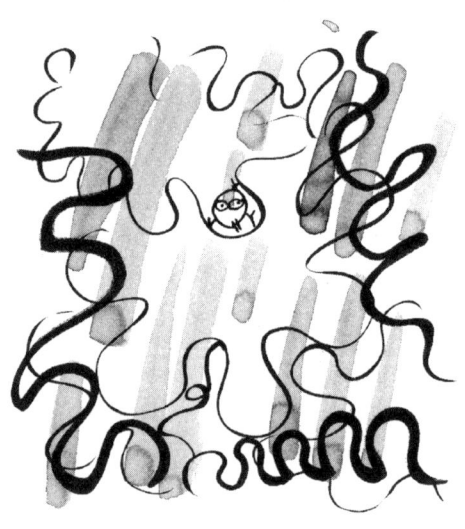

Zu Besuch

Nachdem wir auf der ersten Hälfte des Weges Grundlagen geschaffen und Richtlinien entwickelt haben, die es uns erlauben, in jeder Situation möglichst das Beste zu tun, wollen wir uns jetzt einigen konkreten Geistes- und Gemütszuständen zuwenden, die uns besondere Mühe machen. Wir werden insgesamt drei Phänomene untersuchen, mit denen umzugehen den meisten von uns oftmals Schwierigkeiten bereitet. Dabei wenden wir an, was wir bis jetzt erfahren haben. Selbstverständlich werden wir auch noch Neues dazulernen.

Um uns einzustimmen, wenden wir uns als Erstes einem Phänomen zu, das wir bestimmt alle kennen – und zwar der Angst.

Ja, wer hat sie noch nie verspürt, wer hat noch nie Angst gehabt? Wir alle haben doch

Angst vor allem Möglichen: Angst vor dem Dunkeln, vor Gewittern, vor dem Fliegen, vor Hunden. Angst, nicht zu gefallen; Angst, zu versagen; Angst, verletzt zu werden, die Kontrolle zu verlieren, zu sterben; Angst, nicht geliebt zu werden; Angst, sich zu zeigen, wie man ist. Angst kann uns bremsen, lähmen, plagen, verfolgen, bedrücken, behindern, krank machen – kurzum, Angst bietet uns eine ausgezeichnete Möglichkeit, den Umgang mit Schwierigem zu betrachten.

Aber genug der Vorrede – stürzen wir uns nun also hinein, mitten ins Abenteuer. Wir wollen nämlich der Angst von Angesicht zu Angesicht gegenübertreten. Zu dem Zweck lehnen Sie sich jetzt bequem zurück und lassen sich in die folgende Geschichte entführen:

Zu Besuch bei der Angst

Die Angst hatte mich zum Nachmittagstee eingeladen und mir genau beschrieben, wo sie zu finden sei.

»Dort, wo die Straße einen Bogen macht, gehen Sie geradeaus, und einige Häuser weiter sehen Sie links einen weißen Gartenzaun.

Wenn Sie dem folgen, kommen Sie direkt zu meinem Tor. Sie werden es sofort erkennen, auf beiden Seiten wächst Flieder.«

Weißer Gartenzaun und Flieder – so hatte ich mir den Wohnort der Angst gewiss nicht vorgestellt. Eher einen düsteren Park, von hohen Mauern umgeben, oder ein verwahrlostes Grundstück mit einer Ruine. Doch wer weiß, vielleicht war das nur Tarnung: ein harmloses Äußeres, das einen in Sicherheit wiegen soll – um dann den Schrecken umso größer ausfallen zu lassen. Darauf würde ich aber nicht hereinfallen. Ich wusste ja, wen ich besuchte, und war deshalb auf alles gefasst: Unheimliches, Gruseliges, Bedrohliches, Gefährliches. Lose

75

Treppenstufen, dunkle Gänge, eigenartige Geräusche. Eine Art Geisterhaus wie in Disneyland; wobei das ziemlich theatralisch wäre, ja schon fast aufdringlich, und so schätzte ich die Angst nicht ein. Bei unserer ersten Begegnung hatte sie eher einen höflich-korrekten Eindruck gemacht, vielleicht ein wenig pingelig; ja eigentlich passte sie ganz gut hinter einen Gartenzaun, der sicher jedes Jahr frisch gestrichen wurde. Wie dem auch sei, ich musste mich wohl einfach überraschen lassen.

Vielleicht sollte ich kurz erzählen, wie es überhaupt zu dieser Einladung gekommen war: Vor einiger Zeit musste ich mir bei irgendeiner Behörde eine Bescheinigung holen. Ich war in Eile und hastete Treppen hinauf und Korridore entlang, suchte die Türen nach der Nummer 239 ab – und fühlte plötzlich einen unangenehmen Druck auf der Brust. War ich zu schnell gelaufen? Ich blieb stehen und holte ein paar Mal tief Luft. Der Druck blieb. Was zum Kuckuck war los mit mir?

»Gestatten, dass ich mich vorstelle?«, sagte plötzlich eine Stimme hinter mir. Überrascht drehte ich mich um. Da stand ein unscheinbarer, ordentlich gekleideter Herr mit Brille und exakt gescheiteltem Haar, eine dicke Aktentasche unter dem Arm.

»Ähm … ja, bitte«, stammelte ich verwundert.

Der Herr räusperte sich, rückte seine Brille zurecht und sagte: »Ich bin der Druck auf Ihrer Brust. Mein Name ist Angst.«

Angst? Ich hatte mich wohl verhört, das konnte doch nicht sein, woher wusste der …? Das war doch nicht möglich!

»Entschuldigung, ich habe nicht ganz verstanden – wer sind Sie?«

»Ich bin Ihre Angst. Sie fragten sich doch, was das für ein Gefühl in Ihrer Brust sei, und da dachte ich, Sie möchten mich vielleicht kennenlernen. Falls Ihnen diese Begegnung aber ungelegen kommt, möchte ich Sie nicht länger aufhalten. Ich wünsche Ihnen einen schönen Tag.«

Er nickte zum Abschied und wollte sich schon abwenden, als ich mich aus meiner Verwunderung löste und hastig bat: »Gehen Sie nicht! Entschuldigen Sie, natürlich möchte ich Sie kennenlernen – ich meine, es freut mich, Sie kennen zu lernen, ich bin nur sehr erstaunt und ein bisschen verwirrt. Ich muss zugeben, so etwas ist mir noch nie passiert.«

Der Herr lächelte kurz, öffnete seine Aktenmappe und holte einen Taschenkalender daraus hervor. »Dienstag in zwei Wochen hätte ich Zeit. Ich würde Sie gerne zum Tee einladen, bei mir zu Hause, da können wir uns ungestört unterhalten. Wäre Ihnen das recht?«

Ich war so verdattert, dass ich meinen Kalender hervorholte, das Datum notierte, mir den Weg beschreiben ließ und mich höflich verabschiedete.

So kam es also zu meiner Verabredung mit der Angst. Und ich muss sagen, nachdem ich mich von meiner Überraschung erholt hatte, freute ich mich darauf. Ich hatte schon oft Angst in meinem Leben und war nun ganz begierig darauf, ihr einmal von Angesicht zu Angesicht gegenüberzustehen. Ich hatte drängende Fragen, die ich ihr stellen, und flammende Klagen, die ich anbringen wollte, und ich hatte erstaunlicherweise überhaupt keine Angst.

So machte ich mich also an besagtem Dienstag ziemlich aufgeregt auf den Weg. Ich fand das Haus ohne Probleme. Es war hübsch, weiß gestrichen, mit einer verspielten Veranda und kecken roten Fensterläden. Es erinnerte mich an meine Kindertage, und ich entdeckte sogar einen Fußball, der auf dem Rasen vergessen worden war. Auf mein Klingeln hin öffnete eine ältere Frau die Tür. Sie trug eine mit Mehl bestäubte Schürze, die sie hastig ablegte.

»Freut mich, dass Sie gekommen sind. Entschuldigen Sie bitte meine Aufmachung, ich bin ein wenig spät dran – ich habe eben noch etwas zum Tee gebacken.« Sie bat mich einzutreten, und ich gab ihr meinen Mantel. Sie verschwand damit durch eine Tür.

Das hätte ich mir nicht träumen lassen – die Angst ist verheiratet! Und dann auch noch mit so einem mütterlichen Typ! Gegen meinen Willen begann ich zu kichern und hüstelte verlegen, als die Frau zurückkam.

»Hier entlang, bitte, im Wohnzimmer ist es schön warm und gemütlich.« Sie führte mich in einen behaglichen Raum. Ich nahm in dem mir zugewiesenen Sessel Platz. Er war groß und bequem. Neugierig blickte ich mich um. Wo war die Angst?

»Tee?«

»Gerne. Mit Milch und Zucker, bitte.«

»Ein Törtchen?«

»Danke, vielleicht später. Sie sehen aber sehr lecker aus.«

Die Frau ließ sich in dem Sessel mir gegenüber nieder, schenkte auch sich Tee ein und sagte: »Also, schießen Sie los. Stellen Sie mir Ihre Fragen!«

»Aber …?«

»Ach so«, sie lächelte nachsichtig, »Sie haben mich nicht erkannt. Sie warten auf den Herrn von der Behörde. Nun, das bin ich.«

»Sie!«

»Ja. Aber das muss ich Ihnen wohl erklären.«

»Wäre keine schlechte Idee«, antwortete ich ein wenig schnippisch. Ich ließ mich nicht gern zum Narren halten.

»Nun, so erstaunlich es zunächst auch scheinen mag, dass ich jede beliebige Gestalt annehmen kann – eigentlich ist das ganz natürlich. Denn sehen Sie – oder darf ich du zu Ihnen sagen? Wir kennen einander ja eigentlich schon lange.«

»Ähm, ja, warum nicht … bitte.«

»Schön. Also, wie ich eben erklären wollte: Ich habe keine eigene Gestalt. Die gibst du mir. Ich sehe stets so aus wie das, was dir Angst macht. Wenn du also zum Beispiel Angst vor Spinnen hast, dann sehe ich aus wie eine Spinne. Wenn du Angst vor Amtspersonen hast, bin ich ein Beamter mit Brille und Aktentasche.«

Ich fing an zu begreifen: »Und wenn mir mulmig ist bei all dieser Mütterlichkeit, dann sind Sie … ähm … dann bist du eine Glucke!«

»Genau. Alles Mögliche kann dir Angst machen, also kann ich diese oder jene Gestalt annehmen. Die Wahl triffst du. Wobei …«

»Moment mal, das kann so nicht stimmen«, unterbrach ich sie. »Du sagst, dass mir alles Angst machen kann, ich also sozusagen selbst bestimme, wovor ich Angst habe? Das ist doch lächerlich! Ich habe Angst, weil etwas gefährlich ist. Was ist zum Beispiel mit Mördern und Erdbeben und Schiffsuntergängen und Gewittern in den Bergen – ich meine, man hat doch auch Angst vor richtigen Gefahren. Vor etwas, das wirklich gefährlich ist, das Leben bedroht oder so. Das bilde ich mir doch wohl kaum nur ein!«

»Natürlich nicht, aber wie ich eben erläutern wollte«, sie blickte mich streng an, die sanften Löckchen um ihr Gesicht waren verschwunden, ihr Haar war jetzt zu einem straffen Knoten zurückgekämmt, »wovor du auch Angst hast und in welcher Gestalt ich dir auch immer erscheine, ich bin nur eine Art Prinzip. Etwas, das sich in deinem Körper abspielt. Du verspürst mich in der Brust oder im Bauch oder in den Beinen, doch es geht stets um ein und dasselbe. Meine Aufgabe ist es, deinen Körper in gefährlichen Situationen fluchtbereit zu halten: Ich beschleunige deinen Puls, ich schütte Hormone aus, ich schärfe deine Sinne und deine Reaktionsbereitschaft. Ich helfe dir dadurch, dich bei Gefahr zu retten.« Sie schaute mich erwartungsvoll an. Wartete sie etwa auf meinen Dank, gar mein Lob?

»Nichts dergleichen tust du!«, brauste ich auf. »Du lässt mich erstarren, deinetwegen zieht sich mein Körper zusammen, schau nur mal meine gekrümmten Schultern an! Deinetwegen unterlasse ich tausend Dinge, weil ich mich nicht traue, sie zu tun. Deinetwegen leide ich, jawohl, du bist ein dummes Prinzip.«

Die Angst schmunzelte, ihre Löckchen waren wieder da. Nun ja, mein Ausbruch war wohl ein wenig kindisch gewesen.

»Tut mir leid.«

»Macht gar nichts, das gehört dazu, wir wollen uns ja mal richtig aussprechen. Ich verstehe übrigens gut, dass du dich von mir geplagt fühlst.« Sie beugte sich vor. »Darf ich dir Tee nachschenken? Und möchtest du jetzt vielleicht ein Törtchen essen?«

Ich ging auf das Friedensangebot ein. Die selbstgebackenen Törtchen schmeckten köstlich, und ich beruhigte mich wieder.

»Du bist also ein Prinzip, ein Naturprinzip sozusagen«, nahm ich den Faden wieder auf.

»Könnte man so sagen. Oder auch: eine Körperfunktion, eine Überlebensstrategie, ein natürlicher Instinkt – aber es ist nicht so wichtig, wie man es nennt. Ich gehöre einfach dazu, und manchmal bin ich sogar unverzichtbar«, antwortete sie ein wenig hochnäsig.

Vielleicht bildete ich mir das aber auch nur ein. Ich war voreingenommen, das musste ich zugeben. Ich aß mein Törtchen auf und dachte nach.

»Wenn du wirklich so eine tolle, von der Natur eingerichtete Überlebensstrategie bist, dann solltest du mir doch eigentlich helfen, nicht wahr? Das scheint mir aber gar nicht der Fall zu sein!«

»Jaja, immer die gleichen Vorwürfe: Ich plage dich, ich bin schuld an allem! Soll ich dir etwas verraten? Du plagst dich selbst! Mir wäre es mehr als recht, wenn ich in Zukunft nicht mehr so häufig bei dir auftauchen und meine Energie vergeuden müsste.«

»Dann lass es doch! Du brauchst mir nicht ständig im Nacken zu sitzen. Bleib mir doch einfach vom Leib!«, erwiderte ich in scharfem Ton.

»Unser erster Streit«, kicherte die Angst. »Komm, vertragen wir uns wieder. Ich will dich nicht plagen, glaub mir.« Sie lächelte mir so herzlich zu, dass ich gar nicht anders konnte, als mich versöhnlich stimmen zu lassen.

»Also gut, ich glaube dir. Aber es wundert mich trotzdem, dass du immer wieder kommst, ja du drängst dich mir oft regelrecht auf. Du kommst nicht nur ab und zu in gefährlichen Momenten, nein, ich hab andauernd Angst vor irgendetwas: Angst, etwas nicht richtig zu machen;

Angst, dass man mich nicht mehr mag; Angst, meine Bedürfnisse zu formulieren oder gar durchzusetzen; Angst vor Neuem, Angst vorm Fliegen, vor Tunnel, vor meiner Mutter, die Liste ist endlos … und dich scheint es überhaupt nicht zu kümmern, ob du mir hilfst oder nicht. Lass mich doch mal durch einen Tunnel fahren, ohne dass du mir Schweißausbrüche bringst!«

Ich hatte mich in Rage geredet, meine Hände zitterten, und ich musste die Tasse abstellen. Ich spürte, wie mir die Tränen kamen. Zu meinem Entsetzen fing ich an zu weinen.

»Du plagst mich«, schluchzte ich. »Ich will nichts mit dir zu tun haben. Nie mehr.«

Die Angst sagte nichts. Ich weinte noch eine Weile mit gesenktem Kopf vor mich hin. Schließlich zog ich ein Taschentuch hervor und putzte mir die Nase.

Die Angst war immer noch still. Ich spähte verstohlen in ihre Richtung. Ihr Sessel war leer. Wo war sie hin? Hatte mein Weinen sie etwa vertrieben? Unruhig rutschte ich in meinem Sessel herum. Ich hatte gerade beschlossen, nach ihr zu schauen, als ich Schritte die Treppe herunterkommen hörte.

»Ich bin gleich wieder bei dir.«

Unter all dem Schluchzen hatte ich wohl nicht gehört, wie sie hinausgegangen war. Ich fuhr mir rasch über die Augen, um die letzten Tränenspuren zu beseitigen. Dann sah ich, wie sich die Tür öffnete, ich spürte einen Lufthauch und hörte eine Stimme sagen:

»Nicht erschrecken, ich bin's.«

Ich sah niemanden. »Wo bist du?«

»Hier im Sessel – doch diesmal kannst du mich nicht sehen.«

Unsichtbar! Kam jetzt also doch noch der Gruselpart? Das ganze nette Gerede darüber, »auf meiner Seite zu stehen« – war das nur ein Trick? Aber nicht mit mir!

»He, Angst, du hast nicht etwa im Sinn, mir übel mitzuspielen? Sonst mache ich mich nämlich auf der Stelle davon«, warf ich forsch in den leeren Raum.

»Selbstverständlich nicht. Glaub mir. Ich möchte nur ein kleines Experiment mit dir machen. Einverstanden?«

Ein Experiment! Das wurde ja immer schöner! »Nur wenn du mir genau sagst, worum es sich handelt.«

»Natürlich. Ich möchte dir demonstrieren, wie du dich selbst plagst. Ich gebe zu, es könnte ein wenig unangenehm werden, aber dafür wirst du wertvolle Erkenntnisse gewinnen, die dir bestimmt weiterhelfen. Was hältst du davon?«

»Nun, ich weiß nicht recht. Das mit dem ›mich selbst plagen‹ – wie meinst du das?«

»Das kann ich dir leider nicht verraten, sonst ist es ja kein Experiment mehr. Komm schon, sei kein Angsthase!«

Ein Kichern stieg aus dem leeren Sessel auf. Dann wurde es still.

»Hallo, bist du noch da?«

Keine Antwort.

»He, das kannst du nicht tun, ich hab noch nicht ja gesagt.«

Nichts rührte sich.

»Hallo.«

Stille.

»Also gut, du hast gewonnen. Ich werde dein Versuchskaninchen spielen. Aber wehe, du tust mir was an!«

Ich saß gespannt in meinem Sessel. Doch es geschah nichts. Nach einer Weile fing ich an, mich zu entspannen. Ich wollte ja eigentlich mehr wissen, vor allem darüber, wie mich die Angst künftig weniger plagen könnte. Wobei sie gesagt hatte, ich plagte mich selbst. Sie sei nur ein Prinzip. Aber stimmte das? Vielleicht war ich doch zu naiv gewesen, hatte ihr fälschlicherweise vertraut? Hoffentlich …

Ein Geräusch schreckte mich aus meinen Gedanken auf. Da hatte sich doch etwas bewegt? Dort drüben – bei dem Sessel. Tatsächlich – hinter der Lehne kam ein kleines Etwas hervorgeschlichen. Ein abstoßendes, bedrohliches Ungeheuer, ein Dämon, ein unheimlicher, widerlicher Wicht. Mein Herz begann schneller zu schlagen, und ich umklammerte meine Armlehne.

»Verschwinde!«, schrie ich dem grausigen Kerl zu.

Er starrte mich an. »Frag mich zuerst, wer ich bin. Na los, frag mich!«

»Wer bist du?«

»Sag ich nicht, sag ich nicht«, höhnte er und tänzelte langsam auf mich zu.

Ich hob meine Füße auf den Sessel. »Bleib sofort stehen!«

»Tu ich nicht, tu ich nicht.«

»Tust du doch!«, herrschte ich ihn an.

»Tu ich nicht.« Er kam näher.

«Was willst du von mir, du Widerling?«

»Rate doch, rate doch.«

Ich kauerte fluchtbereit im Sessel. Doch plötzlich schnellte der Wicht hoch und landete mit einem Satz auf mir.

»Hab ich dich, hab ich dich!«

Ich kippte nach hinten. Er hockte sich auf meine Brust, und ich starrte ihm direkt in die Augen. Das war zu viel.

»Verschwinde – verschwinde sofort!«, schrie ich.

»Nein, bleiben, bleiben!«, kreischte der Wicht, hopste auf und ab und grinste mich an.

Ein widerliches Grinsen! Und wie er erst roch! Stank! Nach Schweiß, nach altem, kaltem Angstschweiß – nicht auszuhalten! Ich versuchte verzweifelt, ihn von mir zu stoßen, doch er klammerte sich eisern an mich. Seine Arme und Beine schienen plötzlich meterlang zu sein, schlangen sich um mich, erdrückten mich, ich bekam kaum noch Luft.

»Du erstickst mich!«, stieß ich hervor und strampelte wie wild, um ihn abzuschütteln. Doch er wurde größer und größer, erdrückte mich fast mit seinem Gewicht, und bald konnte ich mich nicht mehr rühren. Verzweiflung überkam mich.

»Du tust mir weh! Bitte lass mich los!«

»Nein, will ich nicht.«

»Ich will es aber, du Mistkerl! Du erdrückst mich, lass mich jetzt sofort los!«

Da begann er zu meiner ungeheuren Erleichterung wieder zu schrumpfen. Er wurde immer kleiner, bis er so klein war wie zuvor – doch er hockte immer noch auf meiner Brust.

Ich war unterdessen ein Stück aus dem Sessel gerutscht und lag halb auf dem Boden. Ich hatte das Ungeheuer direkt vor dem Gesicht. Ich schloss die Augen – seine Hässlichkeit war nicht auszuhalten.

Ich lag ganz still da und hoffte, er würde mich endlich freigeben. Doch er rückte noch näher an mein Gesicht, und sein Gestank umhüllte mich. Er flüsterte mir ins Ohr.

»Überall lauert Gefahr. Das Leben ist gefährlich. Gefääährlich«, hauchte er, und sein heißer Atem streifte meine Wange.

»Krankheiten lauern dir auf. Unfälle warten auf dich.« Er kicherte. »Tunnel brechen zu-

sammen, Flugzeuge fallen vom Himmel, Auf-
züge bleiben stecken, Blitze treffen dich, Wes-
pen stechen dich, Hunde beißen dich, Pferde
treten dich, Stiere jagen dich – hu hu hu.« Er
schüttelte sich vor Lachen. Dann begann er ein
Lied zu grölen. Ich erkannte die Melodie, es
war ein Kinderlied.

»Hun-de beißen dich, Pfer-de treten dich,
Stie-re jagen dich. Gefä-ähr-lich ist das Lee-e-
ben. Hun-de beißen dich, Pfer-de treten dich,
Stie-re jagen dich. Gefä-ähr-lich ist das Lee-e-
ben.«

»Hör auf!«

Ich versuchte, ihn zu schlagen, seinen Kopf
wegzustoßen, doch er packte meine Arme und
drückte sie nach unten. Ich war ihm wehrlos
ausgeliefert. Mir wurde schlecht.

»Ich will hier weg! Du bist unerträglich …
grauenhaft … widerlich.« Er lockerte seinen
Griff.

»Du kannst hier nicht weg. Musst zuhören.«

»Aber ich will nichts mehr hören. Du machst
mir Angst.«

»Angst, ja, Angst, gut so, gut so.« Er schien
sich sehr darüber zu freuen.

Das machte mich stutzig. Ich drehte mein Gesicht weg und begann fieberhaft nachzudenken. Doch er plapperte weiter.

»Die Welt ist voller böööser Menschen. Sie sind alle gegen dich. Sie wollen dich plagen. Verraten wollen sie dich«, flüsterte er, »übers Ohr hauen, belügen, bestehlen, herabsetzen, ausnutzen, auslachen …«

»Blödsinn, das stimmt doch gar nicht!«, protestierte ich.

Er ignorierte mich und fuhr ungerührt fort: »Niemand mag dich so, wie du bist. Alle denken schlecht von dir. Niemand mag nett zu dir sein. Du hast es nämlich nicht verdient.« Er fing wieder an zu singen, diesmal mit hoher Stimme, wie in der Oper: »Du bist nicht guuuut genug, du bist nicht guuuut genug. Niemand maaaag dich, niemand maaaag dich!«

Mein Widerstand fiel in sich zusammen. Er hatte ja eigentlich recht. Ich begann zu weinen. Ich fühlte mich todunglücklich, elend und verlassen. Ich hatte es nicht anders verdient.

Mein Schmerz nahm mich völlig gefangen, und ich merkte erst nach einer Weile, dass ich frei war. Der Plagegeist hatte sich in Luft aufgelöst, nur sein Gestank hing noch im Raum. Ich fühlte mich zu schwach, um aufzustehen, und so blieb ich einfach liegen, weinte und schniefte und seufzte. Ich wollte nach Hause, wollte mich in mein Bett verkriechen, mir die Decke über den Kopf ziehen und von allem nichts mehr wissen.

»Genau das kannst du ja tun. Doch zuerst trinken wir noch in Ruhe eine Tasse Tee, und du erzählst mir, wie dir das Experiment gefallen hat. Ist doch ganz gut gelaufen, nicht?«

Mit einem Ruck setzte ich mich auf. Da saß die Angst und schaute mich erwartungsvoll an. Ein Tablett mit frischem Teegeschirr stand neben ihr. Sie lächelte. Erleichterung überflutete mich, und ich atmete auf. Es war vorbei, ich hatte es überstanden! Ich stand auf und ordnete meine Kleider. Die musste ich waschen, sobald ich zu Hause war – *er* hatte sie berührt. Ich setzte mich wieder in meinen Sessel, lehnte mich zurück und schloss einen Moment die Augen.

»Es war widerlich«, sprudelte ich los. »*Er* war widerlich. Er hat mir Angst gemacht und mich zum Weinen gebracht. Aber ich habe ihm geglaubt. Das war das Schlimmste. Ich habe ihm wirklich geglaubt.«

Ich öffnete die Augen. Die Angst lächelte mir zu und reichte mir stillschweigend eine dampfende Tasse. Dankbar trank ich den heißen Tee.

»Weißt du«, fuhr ich fort, »wenn ich es mir genau überlege, habe ich das alles auch schon vorher geglaubt. Es kam mir sehr bekannt vor – das, was er über das gefährliche Leben und die bösen Menschen gesagt hat. Und über mich.« Nachdenklich starrte ich vor mich hin.

»Hm«, räusperte sich die Angst. »Dürfte ich etwas dazu anmerken?«

»Natürlich. Ich wäre sehr froh, deine Meinung zu hören.« Das stimmte. Irgendwie vertraute ich ihr, obschon ihr Experiment mich in Schrecken versetzt hatte.

»Deine Beobachtung ist völlig richtig. Alles, was er gesagt hat, ist dir bekannt. Es sind nämlich deine eigenen Glaubenssätze. Weiß der Himmel, wo du sie her hast. Übrigens – hast du auch ihn selbst wiedererkannt?«

»Nein, natürlich nicht! Dieses Scheusal hatte ich vorher noch nie gesehen!«

»O doch! Gesehen vielleicht nicht, aber erlebt auf jeden Fall!«

»Das verstehe ich nicht. Wie meinst du das?«

»Nun, wenn du glaubst, etwas sei gefääährlich oder man wolle dir Böööses und überhaupt seist du nicht guuut genug«, sie kicherte, »und wenn du dann Angst bekommst, dann ringst du doch mit ihm. Du fühlst dich wie gelähmt oder erdrückt oder erstickt. Bestimmte Dinge traust du dich nicht zu tun oder zu sagen, vor lauter Angst, es sei wirklich so: Du seist wirklich nicht gut genug, du habest es wirklich nicht verdient, dass man dich mag.«

»Stimmt, das kenne ich – aber er ist ja auch dermaßen eklig!«

»Ja, tatsächlich, das ist er – seine Eigenschaften sind ohne Zweifel unschön.«

»Unschön nennst du das – ich nenne es grässlich!«, rief ich entrüstet. »Er schien es ja geradezu zu lieben, Macht über mich zu haben und mich einzuschüchtern. Und wie er es genoss, mir einzureden, dass ich Angst haben müsse. Und dann hat er sich auch noch über mich lustig gemacht, der Mistkerl: mir meine Ängste vorzusingen!«

Die Angst hüstelte betreten und räusperte sich: »Das Singen, nun ja … Ich gebe zu, ich habe wohl ein bisschen dick aufgetragen. Ich wollte mich aber wirklich nicht über dich lustig machen, das musst du mir glauben. Ich dachte nur, wenn ich ihn die Glaubenssätze singen lasse, würde er lächerlich wirken, und du würdest merken, dass er eigentlich nur ein Popanz ist. Ich finde es nämlich schade, dass du diesem fiesen kleinen Kerl, der nur eine Einbildung ist, immer wieder auf den Leim gehst.« Ihre Stimme war lauter geworden, sie wirkte richtig aufgebracht. »Und er ist ein hohler Popanz, glaub mir! Er hat überhaupt keine Substanz.« Sie schnaubte empört. »Nichts ist da, gar nichts!«

Ich verstand nicht ganz, was sie meinte. Ich wollte sie eben fragen, als sie sich abrupt umdrehte und etwas hinter dem Sessel hervorholte.

Der Wicht! Sie hielt ihn mir entgegen. Er hing schlaff und formlos in ihrer Hand.

Mich schauderte. »Nein danke. Ich hab genug für heute.«

»Nur eines noch. Du musst ihn nicht berühren. Es genügt, wenn du ihn anschaust. Ich halte ihn fest.«

»Also gut.«

»Schau ihm in die Augen. Siehst du es?«

Ich sah hin. Lange starrte ich auf das schlaffe Ding, sah ihm in die Augen. Dann richtete ich meinen Blick auf die Angst. Meine Mundwinkel begannen zu zucken.

»Du hast es gesehen!«

Aus meinem Bauch stiegen Blasen der Heiterkeit auf, zerplatzten in meiner Kehle, und ich brach in Gelächter aus. »Nichtsnutze seid ihr zwei!«, prustete ich. Die Angst starrte mich an, ihr Mund verwandelte sich in eine Schnauze; sie fletschte die Zähne und stieß ein lautes Knurren aus. Das löste einen neuen Heiterkeitsanfall bei mir aus. Ich lachte und lachte und konnte gar nicht mehr aufhören.

Als mein Gelächter schließlich verebbte und ich mir die Lachtränen aus den Augen wischte, bemerkte ich, dass die Angst kaum noch zu erkennen war. Ihre Umrisse hatten begonnen, sich aufzulösen; langsam verschmolz sie mit dem Hintergrund, und dann war sie weg. Verschwunden, mitsamt ihrem Wicht – weg waren sie, alle beide.

Hier sind wir am Ende der Geschichte angekommen.

Und gleichzeitig am Ende dieser Woche. So wollen wir wie stets zum Abschluss in den Garten gehen.

Setzen Sie sich irgendwo bequem hin – unter einen Baum, auf eine Bank, in einen Liegestuhl –, und lassen Sie die Geschichte noch eine Weile auf sich wirken. Was haben Sie gesehen? Wie ist es mit der Angst bei Ihnen? Denken Sie in aller Ruhe noch ein wenig darüber nach, lassen Sie Ihre Gedanken um das Thema kreisen.

Angst

Haben Sie die Angstgeschichte auf sich wirken lassen? Gut. Dann wollen wir sie nun näher betrachten, um herauszufinden, was uns beim konkreten Umgang mit der Angst hilft und was es zu vermeiden gilt. Sicher werden wir dabei einige Dinge wiedererkennen, anderes hingegen wird neu für uns sein.

Beginnen wir mit etwas Bekanntem: dem ersten Schritt. In der Geschichte zeigte er sich darin, dass die Person beschloss, sich dem Problem zu stellen: Sie nahm die Einladung der Angst an und besuchte sie dann auch wirklich.

Das reine Betrachten – diese hilfreiche Fähigkeit kennen wir auch schon. In der Geschichte äußerte sie sich darin, dass das Prinzip und die Aufgabe der Angst erkennbar wurden. Wir haben feststellen können, was Angst eigentlich ist, wie sie sich äußert und wo sie auftreten kann. Wir haben gesehen, dass sie eine Körperfunktion ist, die bei Gefahr und Bedrohung unsere Flucht begünstigt. Wir haben aber auch erkannt, dass wir nicht nur in Momenten unmittelbarer und wirklicher Gefahr Angst empfinden, sondern auch bei *möglichen* Gefahren. Bei Bedrohungen also, die in der Zukunft liegen, und auch solchen, die nur in unserer Einbildung bestehen. Alles, was unangenehm werden könnte, macht uns Angst: die Vorstellung von körperlichen Schmerzen, dem Verlust von Menschen oder Dingen, die uns teuer sind, und nicht zuletzt fürchten wir uns vor Strafe. Wir haben also gesehen, dass wir praktisch vor allem Angst verspüren können!

Weiterhin taucht in der Geschichte der widerliche Wicht auf. Hier tritt uns etwas Neues entgegen. Lassen Sie uns also der Sache mit dem Widerling nachgehen.

Hohl sei der Wicht, hat die Angst gesagt. *Nichts sei da, rein gar nichts.* Stimmt das? Oder hat der dämonische Wicht nicht vielleicht doch Recht? *Das Leben sei gefährlich, die Menschen seien schlecht, und niemand möge uns* – stimmt wirklich nichts von dem, was er sagt?

Nein, nichts. Der Wicht ist wirklich hohl und ohne Substanz. Er ist nur eine leere Hülle, die von unserer Einbildung gefüllt wird. Mit Dingen, die in der Vergangenheit wurzeln, und solchen, die in der Zukunft liegen. Wir tragen alte Verletzungen in uns und fürchten uns vor neuen. Doch die einen sind schon vergangen und die anderen noch nicht da. Es sind Erinnerungen und Befürchtungen. Die Wirklichkeit aber, die spielt sich hier und jetzt ab.

Wenn wir zum Beispiel in der Vergangenheit von einem Hund gebissen wurden, dann wissen wir, dass ein solcher Biss scheußlich weh tut. Das wollen wir nicht noch einmal erleben, davor haben wir Angst. Sehen wir nun einen

Hund, haben wir Angst, dass dieser uns beißen könnte. Wir machen einen großen Bogen um ihn, damit er das nicht tun kann. Was einerseits ganz vernünftig ist. Andererseits ist dieser Hund vielleicht ein Schmusetier. Näherten wir uns ihm vorsichtig, würde er mit dem Schwanz wedeln und uns freudig begrüßen.

Doch wenn die Angst vor ihm jetzt, heute über ein mulmiges Gefühl und angemessene Vorsicht hinausgeht, wenn sie uns zuflüstert: *Dieser Hund ist gefährlich, gib Acht, er will dich beißen*, dann haben wir es mit dem Angstdämon zu tun. Er versucht uns weiszumachen, dass Erinnerungen und Befürchtungen wirklich seien, also eine wirkliche Gefahr bestehe. Und wir gehen ihm auf den Leim, glauben, was er sagt. Wir glauben zum Beispiel, dass alle Hunde beißen, wir glauben, dass wir nicht gut genug sind; wir glauben, dass wir versagen werden; wir glauben, dass andere schlecht über uns denken.

Doch warum tun wir das? Nun – irgendwo und irgendwann haben wir solche Glaubenssätze angenommen, und seitdem haben wir sie nicht mehr überprüft, wir glauben sie einfach. So hat der Angstdämon natürlich leichtes Spiel mit uns. Er muss sie nur erwähnen, und schon hat er uns. Würden wir hingegen unsere Glaubenssätze überprüfen, ginge ihm bald die Luft aus.

Lassen Sie uns das ausprobieren und ein paar Glaubenssätze überprüfen.

Überprüfen wir als Erstes: *Alle Hunde wollen mich beißen*. Kann ich aus der Tatsache, dass ein Hund mich einmal gebissen hat, den Schluss ziehen, dass alle Hunde mich stets beißen wollen? Nein. Kann ich aus der Tatsache, dass ich vor Jahren einmal gebissen wurde, den Schluss ziehen, dass dieser konkrete Hund mich jetzt beißen will? Nein. Welchen Schluss kann ich also ziehen? Dass Hunde beißen und damit gefährlich sein können. Dass dieser Hund da vielleicht gefährlich ist und ich vorsichtig sein muss. Sie sehen: der Glaubenssatz hält der Überprüfung nicht stand, der Angstdämon wird entlarvt. An dessen Stelle tritt eine wirklichkeitsgemäße Einschätzung der Situation.

Lassen Sie uns noch einen zweiten Glaubenssatz überprüfen. Und zwar einen, dem viele von uns anhängen. Wir glauben nämlich oft, etwas nicht zu können. Wir haben Angst zu versagen. Wir sollen zum Beispiel einen Bericht verfassen oder eine Rede halten und haben Angst, das nicht zu können. Wir glauben, dass wir versagen werden. *Ich kann das nicht*, sagen wir uns. Kann ich aber mit Sicherheit im Voraus wissen, dass ich den Bericht nicht schreiben, die Rede nicht halten kann? Nein – niemand weiß, was in der Zukunft geschieht. Der Bericht wurde noch nicht geschrieben, die Rede noch nicht gehalten. Wir können es nicht wissen.

Habe ich wirklich gar keine Fähigkeiten, die mir helfen, die betreffende Aufgabe zu lösen? Doch, ich kann schreiben, ich kann sprechen.

Ist es absolut unmöglich, dass ich etwas einfach kann oder sogar gut machen werde? Nein, es ist möglich.

Ist es absolut unmöglich für mich, etwas zu erlernen? Nein, ich bin schließlich kein Dummkopf.

Schon diese kurze Prüfung zeigt, auf welch wackligen Beinen der Glaubenssatz steht.

Wenn wir glauben, etwas nicht zu können, versperrt uns dies die Sicht auf alles andere.

Eine Überprüfung hingegen bringt ein wirklichkeitsgemäßes Bild. Wir erkennen dann, dass zwar die Möglichkeit besteht zu versagen, aber auch die, dass wir es schaffen. Darüber hinaus werden wir unserer Fähigkeiten gewahr und können einschätzen, wann uns eine Aufgabe tatsächlich überfordert und wann wir ihr gewachsen sind. Und wenn dann der Angstdämon auftaucht, uns die Zunge herausstreckt und sagt: *Ätsch, du kannst das nicht!*, brauchen wir ihm nicht zu glauben.

Hohl sei der Wicht, hat die Angst in der Geschichte gesagt. Und das sehen wir jetzt ganz deutlich, nicht wahr? Er kann uns nichts mehr einreden. Welche Erleichterung!

Den Dämon können wir also tatsächlich loswerden. Aber was ist mit der Angst selbst? Am Schluss der Geschichte ist die Person beim Anblick der Angst in Gelächter ausgebrochen – und diese hat sich in Nichts aufgelöst. Irgendetwas ist da also geschehen. Lassen Sie uns nun noch herausfinden, was das war.

Angst warnt uns: *Achtung, Gefahr! Sei vorsichtig.* Das ist ihre Aufgabe. Wenn sie das getan hat und unser Körper fluchtbereit ist, dann hat sie ihre Aufgabe erledigt. Zu mehr ist sie uns nicht nütze. Doch genau das scheinen wir häufig zu vergessen. Wir meinen zum Beispiel, mit Angst könne man Einfluss nehmen und etwas erreichen. Wir glauben, uns zu ängstigen, ändere etwas an unseren Problemen. Doch wenn wir die ganze Nacht wachliegen und uns wegen irgendetwas ängstigen – hat sich am nächsten Tag wirklich etwas geändert oder sind wir einfach nur müde? Wenn wir in einem Flugzeug sitzen und Angst haben, es werde abstürzen – hat das irgendeinen Einfluss auf die Flugzeugmotoren? Nein, hat es nicht.

Außer uns vorsichtig zu machen, kann die Angst nichts bewirken, ja sie ist oft sogar unnötig. Und ganz bestimmt keine Hilfe, um Probleme zu lösen. Im Gegenteil, sie schafft uns eher welche! Sie verwirrt uns, bremst uns, hindert uns, schüchtert uns ein, bringt Zweifel und Verzweiflung. Wir sehen nicht mehr klar, wir prüfen nicht, was wirklich ist – stattdessen versinken wir in der Angst.

In unserer Verwirrung und Verzweiflung erkennen wir dann nicht, dass Angst nur ein

Zustand ist, der vorübergeht. Das kommt uns gar nicht in den Sinn. Tatsächlich können wir diesen Zustand jedoch sogar genau bestimmen. Wir sind in der Lage, festzustellen, welche Erscheinungsform die Angst in unserem Körper annimmt. *Spüren wir einen Druck auf der Brust, haben wir weiche Knie, ein Flattern im Bauch, Atemnot?* Wir können auch beobachten, wie der Zustand sich verändert – wenn wir an die frische Luft gehen, tief durchatmen oder uns setzen, verschaffen wir uns ein anderes Körpergefühl.

Wenn wir also der Angst glauben, uns ihr gar überlassen, wenn wir meinen, sie sei nötig, und vergessen, dass sie vergänglich ist –

dann sitzen wir einem gewaltigen Irrtum auf. Wir sind einem Nichtsnutz auf den Leim gegangen! Wir benehmen uns dann eigentlich ziemlich dumm – und genau das hat die Person in der Geschichte erkannt. Diese Einsicht hat sie erheitert, darum hat sie so lachen müssen. Ein befreites Lachen, unbeeindruckt von Knurren und Zähnefletschen. Ein befreiendes Lachen auch – es hat die Angst in nichts aufgelöst.

Welche Schlüsse können wir nun aus all dem ziehen? Selbstverständlich sollten wir unsere Angst respektieren. Wir brauchen uns ihretwegen weder zu schämen, noch sie peinlich zu finden. Wir müssen sie nicht unterdrücken, verleugnen oder uns über sie lustig machen. Wir sollten sie berücksichtigen, also vorsichtig sein und uns nicht zu etwas zwingen, das uns überfordert. Doch wir sollten uns von ihr nicht unterdrücken, einschüchtern oder einengen lassen, sollten nicht vor lauter Angst erstarren oder blind werden, auch nicht weglaufen oder aufgeben. Stattdessen sollten wir die Angst fest an die Zügel nehmen – wir lassen uns von ihr warnen, aber dann bremsen wir sie und lassen sie nicht mit uns durchgehen. *Wir* entscheiden letztlich, wie wir mit ihrer Warnung umgehen wollen. Dabei erkennen wir den Wert an, den sie wirklich hat, und messen ihr keinen bei, den sie nicht verdient. Damit kommen wir zum Ende dieser Woche. Wir haben in ihrem Verlauf die Angstgeschichte durchstöbert und dabei einige Schätze gefunden. Mit diesen ziehen wir uns zum Abschluss in unseren Garten zurück.

Suchen Sie sich dort wieder ein bequemes Plätzchen und breiten Sie die neuen Schätze vor sich aus, um sie noch einmal in Ruhe zu betrachten.

Es gibt Angst. Sie kommt und vergeht.

Es tut uns gut, sie zu erkennen und zu respektieren.

Es tut uns gut, unsere Glaubenssätze zu überprüfen.

Es tut uns gut, die Angst an die Zügel zu nehmen. Uns nicht von ihr beherrschen zu lassen, sondern zu entscheiden, wie wir auf sie reagieren wollen.

Packen Sie nun Ihre Schätze zusammen und suchen Sie sich ein Fleckchen Erde, in das Sie

sie legen möchten. Dort legen Sie ein Beet an. Sie graben die Erde um und mischen die Schätze darunter – ein wunderbarer Kompost. Dann säen Sie in diesem Beet Vorsicht an. Hier wird sie zu Ihrem Nutzen gedeihen.

Kritik

In dieser Woche wollen wir erneut auf Besuch gehen. Diesmal möchten wir etwas kennenlernen, das in unseren Köpfen zu Hause ist. Und zwar handelt es sich um eine bestimmte Sorte Gedanken. Wir werden diesen eine Stimme geben, so dass wir sie hören, uns mit ihnen unterhalten und sie richtig kennenlernen können.

Unser Besuch führt uns also in den Kopf – und zwar in irgendeinen. Denn das, was wir kennenlernen möchten, ist in den meisten Köpfen vorhanden. So wählen wir hier zum Beispiel den Kopf von Daniel, einem Lehrer. Und lassen uns erzählen, was sich in Daniels Kopf abgespielt hat, als er den letzten Elternabend durchführte.

Daniel hat sich schon eine Dreiviertelstunde vor Beginn des Elternabends im Klassenzimmer eingefunden. Er hat die Pulte zu einem großen Tisch in der Mitte des Raumes zusammengeschoben, Stühle ringsherum aufgestellt und die Unterlagen ausgeteilt, die er den Eltern mitgeben will. Er hat Gläser aus dem Lehrerzimmer geholt und Mineralwasser bereitgestellt. Dann galt es nur noch die Außentür aufzuschließen.

Daniel war nicht aufgeregt oder nervös, schließlich war dies nicht sein erster Elternabend, und es gab auch keine heißen Eisen, die den routinemäßigen Ablauf gefährden könnten. Wenn überhaupt, war er ein wenig unmotiviert, denn er verpasste das Halbfinale der Fußballweltmeisterschaften im Fernsehen, und das wurmte ihn.

Die ersten Eltern trafen ein, begrüßten Daniel, begrüßten einander, bildeten kleine Gruppen und plauderten. Kurz nach acht waren dann alle da. Daniel bat die Anwesenden, Platz zu nehmen, während er seine Unterlagen zurechtlegte. Als er aufblickte, sah er, dass vier Eltern noch standen. Sie sahen ein wenig ratlos

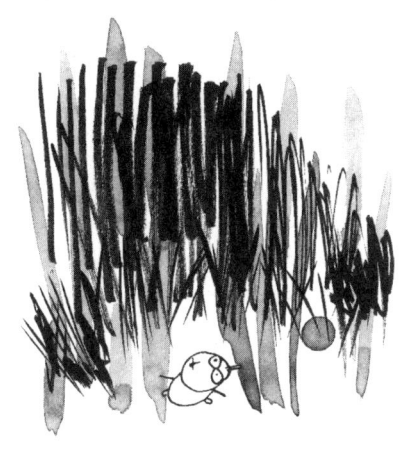

und betreten aus, und Daniel entdeckte, dass alle Stühle besetzt waren. Ein Schreck durchfuhr ihn: Er hatte sich verzählt; er hatte vier Eltern einfach vergessen, hatte zu wenig Stühle geholt und nicht genügend Kopien gemacht!

So weit die Geschichte von Daniels Missgeschick. Sie nahm übrigens ein gutes Ende: Daniel hat sich entschuldigt, einen Witz gemacht und noch vier Stühle herbeigeschafft. Alle sind zusammengerückt, und einige Eltern haben zu zweit in die Unterlagen geschaut.

Doch in Daniels Kopf – da endete es gar nicht gut. Ja, als Daniel zu Hause im Bett lag und über den Elternabend nachdachte, fing es erst richtig an.

Lassen Sie uns verfolgen, was dabei in seinem Kopf geschah: *Da hast du dir aber einen Schnitzer geleistet! Einfach vier Leute zu vergessen. Das ist ja die Höhe! Aber das war schon immer dein Problem, du arbeitest nicht sorgfältig genug. Schlampig. Wäre doch ein Leichtes gewesen, kurz nachzuzählen. Und hattest du dir nicht vorgenommen, immer ein paar Kopien mehr zu machen für den Fall … und siehe da, das hattest du auch schon wieder vergessen. Die anderen schaffen das. Aber dir fehlt einfach der Wille. Fußball im Kopf und den Elternabend verpatzt; hättest du dich gut vorbereitet, statt halbherzig, wäre das nicht geschehen. Das war so peinlich, wie die Leute dastanden. Du kannst von Glück reden, dass du es dir mit den Eltern nicht verscherzt hast. Was sollen die von dir denken, wenn du nicht mal richtig zählen kannst. Was ist das für ein Lehrer, der nie ganz bei der Sache ist. Zu so einem würdest du deine Kinder auch nicht schicken wollen. Du solltest dich wirklich zusammennehmen, so kann das nicht weitergehen …*

Daniel lag im Bett und fühlte sich schrecklich. Er hatte versagt und er schämte sich.

Ein bitteres Ende der Geschichte, nicht wahr? Aus einem kleinen Fehler, und dazu noch einem, der ohne Probleme behoben werden konnte, wurde ein komplettes Versagen. Wie konnte das geschehen? Was oder wer gab Daniel diese Gedanken ein? Wessen Stimme war es, die ihm derart heftige Vorwürfe machte? Übrigens kein Wunder, dass sich der Arme am Schluss schrecklich fühlte. Was ihm da alles an den Kopf geworfen wurde! Gnadenlos wurde er zerpflückt.

Nun, um das Rätsel zu lüften, sei Ihnen hier der Verursacher vorgestellt: *Bitte sehr, darf ich Sie bekannt machen mit der Kritik. »Selbst« mit Vornamen.*

Wir haben beim Besuch in Daniels Kopf die Stimme kennengelernt, die kritisiert – die uns selbst kritisiert. Wir haben miterlebt, wie es zugeht, wenn diese innere Stimme voll aufdreht. Wir sind Zeugen einer Kritikerattacke geworden, haben den Kritikdämon am Werk erlebt, haben zugesehen, wie er Daniel bei der Gurgel gepackt und so lange geschüttelt hat, bis dieser zugab, als Mensch und als Lehrer versagt zu haben.

Und wenn Sie nun denken, das sei ein Einzelfall gewesen oder dass ziemlich übertrieben wurde, dann liegen Sie falsch. Leider wütet der Kritikdämon nicht nur bei Daniel. Nein, es ist durchaus möglich, ihn auch bei Karin anzutreffen, bei Veronika und bei Moritz. Zugegeben – nicht immer und nicht bei allen geht es so hart zur Sache, aber Selbstkritik in irgendeiner Form üben wir alle. Darum lassen Sie uns hier betrachten, was es mit Kritik überhaupt auf sich hat und wie wir am besten mit ihr umgehen können.

Als Erstes wollen wir uns mit der Seite der Kritik befassen, die uns gut tut, uns nützt. Wir haben ja schon bei der Angst feststellen können, dass alles mehrere Aspekte hat: nützliche und nutzlose. Wenngleich Kritik auf den ersten Blick unangenehm wirkt, so ist es doch ratsam, sie näher zu betrachten – voller Respekt und ohne sie zu bewerten –, um zu erkennen, wie sie wirklich ist. Dann sehen wir, dass sie an und für sich etwas Nützliches ist. Kritik hilft uns nämlich, aus unseren Fehlern zu lernen.

Sie zeigt uns auf, was wir falsch gemacht haben und künftig besser machen könnten.

Und wer macht schon immer alles richtig, wem unterläuft nie ein Fehler? Wir alle sind nur menschlich, wir alle machen Fehler: große, kleine, Fehler mit schweren Folgen oder belanglose. Doch wir können aus unseren Fehlern lernen. Wir können es das nächste Mal besser machen, die Fehler vermeiden. Und dabei hilft uns die Kritik.

Die Kritik prüft, was sie sieht. Sie prüft, ob etwas gut ist oder nicht, sinnvoll oder nicht, sorgfältig ausgeführt oder schlampig, richtig gemacht oder falsch. Sie weiß um das Bessere und spornt uns an, danach zu streben.

Würden wir hingegen zum Beispiel unsere Fehler loben, sähen wir gar nicht ein, warum wir uns bemühen sollten. Oder wenn wir sie ignorierten, geschähe auch nichts. Wir würden die gleichen Fehler immer wieder machen.

Es ist wichtig, dass wir auf Fehler aufmerksam gemacht werden und etwas gegen sie unternehmen wollen – dass wir unsere Mängel erkennen und sie auszugleichen versuchen. Und die Kritik übernimmt diese wichtige Aufgabe.

Nachdem wir die nützliche Seite der Kritik betrachtet haben, wenden wir uns nun der Kehrseite zu. Die uns morgens, wenn wir vor dem Spiegel stehen, vorwirft: *Du bist zu dick!* Die uns beim Mittagessen in den Ohren liegt: *Reiß dich zusammen! Iss nicht so viel! Auf die Art wirst du nie abnehmen ...* Die uns in der Nacht, wenn wir hungrig zum Kühlschrank schleichen, weil wir ohne Abendbrot ins Bett gegangen sind, mit einer Tirade überfällt: *Wo bleibt dein Wille? Das ist eben das Problem mit dir, du hast keinen. Man sieht es dir ja förmlich an, dass du dich nicht zusammennehmen kannst. Heute Nachmittag erst hast du Schokolade genascht. Wo du doch weißt, wie ungesund Süßes ist. Was ist mit deinen großartigen Ernährungsplänen? Gesunde Kost, dass ich nicht lache! Salat und Hirse zu Mittag, aber kurz darauf schon wieder Schokolade ...*

Dieser unangenehmen Stimme wollen wir hier auf den Grund gehen. Dieser inneren Stimme, deren meistgebrauchte Sätze sind: *Da liegt dein Problem. Das ist dein Fehler. Die anderen machen es besser ... Du bist zu sehr dies, zu sehr das ... Du solltest ... Du müsstest ... Ja, aber ...*

Die Stimme, die nichts in freundlichem Ton sagt, uns nicht liebevoll auf etwas aufmerksam macht. Im Gegenteil: die einen vorwurfsvollen Ton gebraucht, einen abwertenden, respektlosen. Die nie auch nur das geringste Lob duldet für etwas, das wir gut gemacht haben. Und die Stimme, die völlig unrealistisch ist – übrigens etwas, das wir bei Daniel gut feststellen konnten. Weil er nicht richtig gezählt hatte, zog die Stimme daraus den Schluss, er sei kein guter Lehrer. Aus einem kleinen Fehler wurde eine Staatsaffäre – nichts mehr machte er gut, überall hatte er ein Problem, an ihm blieb kein gutes Haar. Sein kleines Versehen wurde zum großen Verbrechen, für das er zu büßen hatte.

Irgendwie erinnert uns dies an den Angstdämon, nicht wahr? Der war auch so unfreundlich und hat wilde Behauptungen aufgestellt. Der hat uns auch geplagt. Und in der Tat handelt es sich hier um ein ähnliches Phänomen: den Kritikdämon. Diese unangenehme Stimme, das ist die Stimme des Giftzwerges – unseres ureigenen Selbstkritikers.

Doch halt – beginnen wir jetzt nicht, den Giftzwerg zu beschimpfen: *Den sollte man ab-*

schaffen, der bringt ja nur Übles. Verteidigen wir ihn aber auch nicht: *Aber er hat doch Recht! Was soll man um den heißen Brei herumreden, ein Fehler ist ein Fehler. Kritik ist doch nötig, da geht es eben hart zur Sache. Ein tüchtiger Tritt in den Allerwertesten tut uns allen von Zeit zu Zeit gut.*

Lernen wir ihn lieber näher kennen. Halten wir uns an unsere Richtlinien und nähern wir uns ihm mit freundlicher Zuwendung. Begegnen wir ihm mit Respekt und seien wir offen für das, was er uns zu sagen hat.

Einverstanden? Gut, dann gehen wir jetzt für die Begegnung mit dem Selbstkritiker in den Garten. Versuchen Sie, sich zur Vorbereitung auf diese Begegnung Ihren persönlichen Selbstkritiker vorzustellen. Wie sieht er aus? Schauen Sie ihn sich gut an. Ist er groß oder klein? Ist er kräftig oder schmächtig? Wie bewegt er sich? Hat er auffallende Merkmale? Wenn wir ihn dann von Kopf bis Fuß betrachtet und uns mit seinem Anblick vertraut gemacht haben, wollen wir mit ihm auf unseren neu angelegten Pfaden wandeln und ihn dabei all das fragen, was wir gern wissen möchten.

»Ich verstehe einfach nicht, warum du das tust. Warum sprichst du so mit mir? Warum übertreibst du so maßlos? Kannst du mir das sagen?«

»Diese Fragen zu beantworten ist mir ein wenig peinlich. Dürfte ich zuerst etwas dazu sagen, wieso es mich überhaupt gibt? Das wird einiges erklären.«

»Also gut, das ist mir nämlich auch ein Rätsel. Wieso gibt es solche Plagegeister wie dich überhaupt?«

»Das war so«, begann er zu erzählen. »Ihr Menschen, ihr seid alle sehr verletzlich. Ihr seid empfindsame Wesen. Auch wenn ihr es zu verbergen sucht, es überspielt, cool seid – ›ich doch nicht, ich hab ein dickes Fell‹ –, ihr seid es trotzdem. Ihr seid verletzlich, ihr alle – du auch. Und ihr werdet tatsächlich verletzt – du auch. Das weiß ich, denn ich kenne dich schon sehr lange. Und weißt du, ich möchte nicht, dass du verletzt wirst. Ich möchte, dass du nie mehr verletzt wirst.« Seine Stimme begann zu zittern, er schniefte. »Ich weiß, wie weh es tut, ausgelacht zu werden, zurückgestoßen, abgelehnt. Wie sehr es verletzt, ausgeschlossen zu werden, bestraft, angeklagt. Ich weiß, wie sehr es dich schmerzt, wenn du versagst, wie weh dir das tut.« Er zog ein Taschentuch hervor und

121

schnäuzte sich. Dann fuhr er fort: »*Ich möchte, dass du geliebt wirst; ich möchte, dass du akzeptiert wirst und Erfolg hast. Denn das macht dich glücklich, und das ist mir am allerwichtigsten.*«

»*Moment mal – ich möchte in der Tat glücklich sein. Aber du stehst mir dabei im Weg, und deine Beteuerungen nehme ich dir nicht so recht ab. Tut mir leid.*«

»*Du musst mir aber glauben, ich tue das alles für dich.*« Sein Blick wurde eindringlich: »*Glaub mir, eigentlich hab ich bloß Angst, dass du verletzt werden könntest, und unternehme alles, um dich davor zu schützen und das zu verhindern. Glaub mir.*« Seine Augen lächelten. »*Ich versuche, dich zu kritisieren, bevor die anderen es tun. Ich versuche, dich so zu korrigieren und zu ändern, dass du liebenswert wirst. Dass du nichts tust, was dir Zurückweisung einbringt, und das tust, was akzeptiert wird. Und weißt du, ich kenne dich so gut, mir bleibt nichts verborgen, gar nichts. Ich sehe alles, was dir schaden könnte. Ich übersehe nicht das geringste Zeichen von Faulheit oder Willensschwäche, kein noch so kleiner Fehler oder Mangel entgeht mir. Und das muss so sein, denn ich will dich in erster Linie beschützen und jedwede Verletzung*

122

verhindern.« Er schwieg einen Moment, bevor er fortfuhr. *»Aber«*, er schaute betreten zu Boden; man sah ihm an, dass es ihm peinlich war, *»leider übertreibe ich es immer wieder. Ich kann das rechte Maß nicht einhalten, kann mit dem Kritisieren nicht mehr aufhören. Ich vergesse, warum ich das alles tue; vergesse, dass ich es eigentlich für dich tue. Das tut mir leid.«* Er ging ein paar Schritte voraus, dann blieb er wieder stehen. *»Ich gebe zu, ich habe mich in all den Jahren bei dir von meiner ursprünglichen Aufgabe entfernt. Ich habe einfach nur noch kritisiert, rein um der Kritik willen. Du kannst mir gar nichts mehr recht machen, wie sehr du dich auch bemühst. Ich kritisiere dein Gewicht, und wenn du abgenommen hast, kritisiere ich dich dafür, dass deine Frisur jetzt nicht mehr zu dir passt. Ich finde immer etwas, das nicht perfekt ist.«* Er lachte erstaunt auf. *»Ja, perfekt sollst du sein. Das begreife ich jetzt erst. Ich habe tatsächlich geglaubt, dich schützen zu können, indem ich versuche, dich perfekt zu machen. Denn wenn du perfekt bist, wirst du nie mehr verletzt. Doch dabei habe ich selbst dich schrecklich verletzt. Ich habe all das getan, vor dem ich dich schützen wollte: dich ausgelacht, dich niedergemacht, dich beschämt und* *respektlos behandelt.«* Nun begann er erst recht zu weinen.

Wahrscheinlich möchten Sie sich jetzt ungestört mit Ihrem Kritiker versöhnen. Nehmen Sie sich dafür ruhig Zeit, wir haben keine Eile. Wenn Sie dann bereit sind, verlassen Sie den Garten wieder.

Als Nächstes wollen wir kurz zusammenfassen, was wir bis jetzt gehört haben. Wir haben eine innere Stimme von uns kennengelernt: die Stimme der Selbstkritik. Wir haben erkannt, dass wir sie selbst entwickelt haben, und zwar als eine Strategie, um nicht verletzt zu werden. Sie sollte uns korrigieren, bevor die anderen es tun; uns so korrigieren, dass wir nie wieder einen Fehler begehen und nie wieder etwas falsch machen, dass wir immer liebenswert sind und Erfolg haben.

Doch diese innere Stimme hat im Laufe der Zeit ihre ursprüngliche Absicht vergessen. Sie wurde zum Giftzwerg. Und dieser weiß nicht mehr, wann es genug ist. Er hat das rechte Maß verloren und begonnen, uns zu schaden. Er sammelt Informationen über uns und verwendet sie dann gegen uns, gegen die Person, die er eigentlich schützen wollte. Für ihn ist die Jagd auf unsere Fehler und Schwächen zum Selbstzweck geworden, und jedes Mittel ist ihm recht, uns zur Strecke zu bringen. Dass wir uns dabei schämen, uns schuldig fühlen und unser Selbstvertrauen verlieren – das ist ihm Triumph, da spürt er seine Macht.

Doch haben wir uns im Garten mit ihm versöhnen können. Wir haben erfahren, dass er es eigentlich gut mit uns meint. Wir haben erkannt, dass seine kritischen Fähigkeiten uns helfen können – dass sie uns befähigen, auf unsere Fehler aufmerksam zu werden und aus ihnen zu lernen. Jetzt müssen wir mit ihm nur noch eine Abmachung treffen: An welche Spielregeln soll er sich im Umgang mit uns halten? Was soll geschehen, wenn er wieder mal übertreibt? Wenn er Gift spritzt, in vorwurfsvollem Ton mit uns spricht? Wenn er verallgemeinert und aus einem *einmal* ein *immer*, aus einem *einmal nicht* ein *nie* macht? Wenn wir nur noch Scham und Schuld empfinden und unser Selbstvertrauen verlieren? Dann ist es an der Zeit, die Zügel in die Hand zu nehmen. Wenn er so ist, muss er gebremst werden. In diesem Moment übernehmen wir das Kommando – so muss die Abmachung lauten. Das ist für beide das Beste, finden Sie nicht auch? Lassen Sie uns anhand von Daniels Beispiel betrachten, wie diese Spielregel umgesetzt werden kann: Daniel würde ihn zuallererst bremsen: *So nicht, Bürschchen! Nicht in diesem Ton. So höre ich dir nicht zu. Rede anständig mit mir.* Er würde vom Selbstkritiker verlangen, respektvoll mit ihm zu sprechen. Und dann – aber wirklich erst dann – wäre er bereit, sich anzuhören, was es zu kritisieren gibt. Er würde ihn fragen, wovor er denn Angst habe? Was Daniel seiner Meinung nach verletzen könnte? Denn eigentlich geht es dem Kritiker ja darum.

»Was, meinst du, geschieht mit mir, wenn ich vier Personen einfach vergesse? Wovor hast du Angst?«

»Ich habe Angst, dass dir eines Tages ein Schnitzer unterläuft, der arge Folgen haben wird. Du bist häufig nicht sorgfältig genug, und das könnte mal üble Folgen haben. Neulich zum Beispiel hast du vergessen, den Anrufbeantworter anzustellen, und Peter konnte dir seine Nachricht nicht hinterlassen. Er musste Kurt vorbeischicken, was für beide lästig war.«

Nachdem sich Daniel die Befürchtungen des Kritikers angehört hätte, würde er diese überprüfen und versuchen, Lösungen zu finden.

»Es stimmt, dass ich es mit den Details manchmal nicht so genau nehme, es an Sorgfalt fehlen lasse. Kleine Dinge zwar, aber du hast recht; es ist besser, mir auch da Mühe zu geben. Es sind mir wirklich schon viele kleine Schnitzer unterlaufen. Gerade den Anrufbeantworter vergesse ich häufig anzustellen. Ich werde mir vermehrt Mühe geben und sicherheitshalber auch noch einen Zettel an die Tür heften: Anrufbeantworter nicht vergessen! *Was meinst du dazu?«*

Daniel unterbreitet dem Kritiker einen Lösungsvorschlag und will wissen, ob dieser ihm seine Angst nimmt und er sich sicher fühlt.

»Über diesen Zettel wäre ich sehr froh. Da müsste ich mir nicht immer Sorgen machen. Aber es wäre mir auch lieb, wenn du bei allem ein wenig achtsamer wärst, dir auch für die kleinen Dinge Zeit nehmen würdest. Erst dann hätte ich wirklich das Gefühl, dass du dich gut schützt und dass ich es voll und ganz dir überlassen könnte.«

Daniels Rücksprache mit seinem Kritiker ist wichtig: Hat dieser nämlich nicht das Gefühl, dass Daniel sich selbst – an seiner Stelle – gut schützt, wird er weiter Gift spritzen. Zudem kennt er Daniel so gut, dass er merkt, wann dieser mogelt und Kurven zu schneiden versucht. Es lohnt sich, den Kritiker zu konsultieren. Er kann nämlich auch Lösungsvorschläge kritisch betrachten.

Und so – unter Daniels Kommando und mit der klaren Abmachung, anständig zu sein – wird der Selbstkritiker zu Daniels Verbündetem. Jener kann sich selbst kritisieren und gewinnt dabei. Er kann kurz über den Elternabend nachdenken und dann einschlafen.

Mit dieser erfreulichen Entwicklung wollen wir diese Woche nun beschließen, indem wir wie gewohnt in den Garten gehen.

Suchen Sie dort wieder Ihr Lieblingsplätzchen auf, entspannen Sie sich und breiten Sie dann die Schätze dieser Woche vor sich aus:

Kritik hilft uns, aus unseren Fehlern zu lernen und sie künftig zu vermeiden. Sie befähigt uns, unsere Mängel auszugleichen und Erfolg zu haben.

Wir üben Selbstkritik auf eine Weise, die uns aufbaut, nicht niederschmettert.

Wir nehmen unsere Empfindlichkeit ernst und machen den Selbstkritiker zu unserem Verbündeten.

Wir loben uns für das, was wir gut machen, und sind stolz auf das, was wir können.

Packen Sie nach einer Weile Ihre Schätze zusammen und suchen Sie sich wieder ein Fleckchen Erde in Ihrem Garten, in das Sie diese geben möchten. Hier legen Sie nun ein zweites Beet an. Mischen die Schätze unter die Erde. Säen dann in der Mitte des Beetes Lob an und ringsherum Kritik. Sie werden eine reiche Ernte erhalten.

Selbstliebe

In den letzten drei Wochen waren wir zu Besuch
bei der Angst und bei der Selbstkritik. Da haben
wir zwei unangenehme Burschen kennengelernt, den Angstwicht und den Giftzwerg. Diese
Woche nun wollen wir jemanden besuchen, die
diesen beiden in keiner Weise ähnelt. Die weder
dunkel noch dämonisch oder grausam ist, sondern licht und lieb. Dennoch werden wir auch
bei diesem Besuch nicht darum herum kommen, dem Dunklen und Leidvollen zu begegn-
nen. Dafür wird uns die goldene Fee – sie ist es
nämlich, die wir aufsuchen wollen – zum Licht
und zum Liebevollen führen. Brechen wir also
jetzt auf. Machen wir uns auf die Suche.

Wo ist die goldene Fee zu finden? Was meinen Sie? Haust sie vielleicht im Wald, im Himmel oder etwa in einem Teich? Oder weilt sie gar,
wie Wicht und Zwerg, irgendwo in uns selbst?

Das Letzte ist am wahrscheinlichsten, nicht wahr? So lassen Sie uns einen Blick auf unser Innenleben werfen. Sehen wir nach, ob wir sie finden.

Dunkel ist es. Du weinst, doch niemand hört dich. Zu dick sind die Mauern. Kein Ton dringt nach draußen, kein Licht dringt nach innen. Dunkel ist es und einsam und kalt.

Verlassen hast du dich, zurückgelassen hinter der Mauer. Eigenhändig hast du diese aufgebaut, Stein für Stein. Du bist nichts wert, hast du gesagt und den Grundstein gelegt. Du bist nicht gut genug, um geliebt zu werden, hast du gesagt und weitergebaut. Du hast keinen Platz verdient auf dieser Erde, hast du unter den Mörtel gemischt. Ich hasse dich, hast du gesagt und die letzte Lücke geschlossen.

Eingemauert hast du dich. Niemand kann mehr hören, wie du weinst und bittest: Liebt mich doch! Wie du schreist: Ich will! Niemand, außer dir – doch du hältst dir die Ohren zu. Es darf nicht, darf nicht, darf nicht sein.

Außerhalb der Mauern, draußen, im Rampenlicht, da lächelst du und bist so, wie du glaubst, dass du sein solltest. Du duckst dich und biegst dich und kriechst, lässt dich treten und schluckst. Du opferst dich und bist bescheiden. Du gibst und hilfst und gibst und hilfst, fürsorglich, verständnisvoll, unermüdlich, immerdar.

Deine Antennen nehmen jede noch so kleine Regung der anderen wahr. Jeden ihrer Wünsche erspürst du, jedes Bedürfnis, alle Vorlieben und Abneigungen.

Ich gebe euch, was ihr wollt, sagst du, ich tue alles für euch. Nun könnt ihr mich lieb haben. Wie ein kleiner Vogel sperrst du den Schnabel auf: Füllt meine Leere, füllt sie mit Liebe, stopft mein Loch.

Weit offen ist dein Schnabel, doch die Leere bleibt. Und das Weinen hinter der Mauer hört nicht auf.

Das Rampenlicht erlischt. Es wird dunkel. Da bist du wieder, eingeschlossen, eingemauert. Hungrig. Leer. Traurig.

Dunkel ist es und einsam und kalt. Du starrst ins Schwarze, das Herz pocht dir in der Brust, und niemand hört es schlagen. Du weinst.

Auf einmal fangen die Mauern an zu bröckeln. Zwischen den Steinen fällt hier und da Mörtel heraus, und Licht dringt durch die so entstandenen Ritzen. Goldenes, warmes Licht. Du streckst ihm die Hände entgegen, und es streichelt deine Fingerspitzen. So zart, so lieb. Deine Tränen versiegen. Überall entstehen nun Lücken zwischen den Steinen, und immer mehr Licht fließt zu dir herein. In goldenen Strahlen fällt es auf dich, umschmeichelt deine Füße, deine Beine, deinen Leib und deine Arme, dein Gesicht und auch dein Haar. Du stehst da, umgoldet, und dir wird warm ums Herz.

Plötzlich bricht ein Stein aus der Mauer und fällt zu Boden. Du hörst ihn aufprallen, und eine leise Stimme erhebt sich. »Du«, flüstert sie. »Einzigartig bist du. Einmalig und kostbar. Du.« Ein zweiter Stein fällt. »Liebenswert bist du«, ertönt es. Und wieder stürzt ein Stein zu Boden. »Weißt du denn nicht, dass auch du einen Platz hast auf dieser Welt?« Die Strahlen um dich erzittern, ihre Umrisse lösen sich auf, zerfließen zu goldenem Licht, das dich ganz einhüllt.

»Wer bist du?«, fragst du und blickst dich um. »Wo bist du?« Das Licht wird immer stärker, und geblendet schließt du die Augen. Ganz sanft dringt es da durch deine geschlossenen Lider, breitet sich aus in deinen Augen, füllt deinen Kopf mit seiner goldenen Helligkeit. Du spürst es durch deinen ganzen Körper strömen, deine Haut mit Licht und Wärme und Weichheit erfüllen. Du erstrahlst und öffnest beglückt die Augen.

Vor dir liegt ein Haufen Steine, die Mauern sind eingestürzt. Du schreitest über die Trümmer hinweg, strahlend. »Ich danke dir«, sagst du. »Wer immer du sein magst, ich danke dir.«

Danke, goldene Fee!

Das kann nur sie gewesen sein – goldenes Licht, hell und lieb und warm – ganz bestimmt, das war die Fee. So haben wir sie also gefunden. Sie scheint tatsächlich in unserem Inneren vorhanden zu sein – auch wenn wir ihre Gestalt nicht genau erkennen konnten. Aber vielleicht hat sie ja gar keine fest umrissene Gestalt. Vielleicht ist sie wirklich nur goldenes Licht.

Offensichtlich aber kann sie uns helfen. Das haben wir deutlich gesehen. Sie hat die Macht, die Mauer der Selbstentwertung einstürzen zu lassen und uns zu befreien. Und wer von uns hat ihre Hilfe nicht schon ab und zu nötig gehabt? Wer von uns hat sich noch nie abgewertet? Das geschieht doch manchmal, nicht wahr?

Manchmal tragen wir ein schlechtes Selbstbild mit uns herum. Wir finden uns nicht gut. Schon gar nicht gut genug. Wir vergleichen uns mit anderen, und diese sind besser, können mehr, wissen mehr. Und wir, wir sind weniger gut, können weniger, wissen weniger. In solchen Momenten sind wir unserem eigenen Wert gegenüber blind; wir schätzen uns nicht und mindern unseren Wert. Im schlimmsten Fall finden wir uns sogar gänzlich wertlos. Und da beginnen wir dann jeweils mit dem Bau der Mauer. Weil wir nicht viel von uns halten, können wir uns auch nicht vorstellen, dass andere das tun. So, wie wir sind, meinen wir, kann uns niemand ernst und wichtig nehmen. Und lieben schon gar nicht. Und so legen wir Stein auf Stein.

In solchen Momenten wäre es jedoch besser, wir riefen die goldene Fee. Uns mit Selbstabwertung zuzumauern stürzt uns nämlich ins Unheilsame und Dunkle.

Die Folgen der Abwertung sind für uns voller Leiden, das können Sie sich sicher vorstellen. Hand in Hand mit dem Abwerten geht nämlich die Ablehnung. Was wir an uns als minderwertig ansehen, das wollen wir nicht, das lehnen wir ab. Es besteht sogar die Gefahr, dass wir es zu hassen beginnen – im schlimmsten Fall uns selbst hassen.

Es besteht auch die große Gefahr, dass wir zu Opfern werden – da wir uns wertlos finden und nicht wichtig nehmen, lassen wir andere auf uns herumtrampeln. Wir tun, was sie wollen oder von uns verlangen und verlieren dabei oft unsere Würde.

Stattdessen ist es sicher viel besser und heilsamer, die Fee zu rufen: *Komm, komm zu mir, erfülle mich mit deinem Licht!* Wenn sie uns dann strahlend entgegentritt, wird sie uns erhellen:

Unser schlechtes Selbstbild wird verblassen. Wir erkennen unseren eigenen Wert wieder. Wir fühlen, dass wir einzigartig sind und kostbar. Dass wir wichtig sind, dass wir zählen und uns ein Platz auf dieser Welt zusteht.

Lassen Sie uns an dem Punkt innehalten und kurz zusammenfassen, was wir bis jetzt herausgefunden haben: Wir haben die goldene Fee gefunden. Wir haben gesehen, dass sie uns in Situationen, in denen wir uns selbst abwerten, beisteht. Sie erhellt uns und lässt uns ohne Zweifel, dass wir gut genug sind – nicht weniger und nicht mehr als die anderen – und dass wir wichtig sind – nicht mehr und nicht weniger als die anderen. Dank dieser Fee hören wir auf, uns herabzumindern, uns nicht wichtig und nicht ernst zu nehmen. Wir ducken und biegen uns nicht mehr, müssen nicht mehr kriechen.

Die goldene Fee bringt uns aus dem Dunkel ans Licht – doch wie sie das genau macht, das wissen wir noch nicht. Möchten Sie es erfahren?

Nun, eigentlich tut sie gar nicht viel. Sie ersetzt einfach Abneigung durch Zuneigung.

Was wir abwerten, das schätzt sie. Was wir ablehnen, das nimmt sie an. Sie liebt alles, was da ist – wie auch immer es ist. Im Grunde genommen ist die Fee nichts anderes als die Liebe zu uns selbst – in anderen Worten: Sie ist unsere Selbstliebe. Eine Liebe, die uns so, wie wir sind, schätzt; die uns Wärme und Licht gibt, ohne Bedingungen zu stellen.

Aus dieser Tatsache können wir einen wichtigen Schluss ziehen: Wenn wir unsere Selbstliebe kultivieren, können wir die leidvollen Folgen der Selbstabwertung mindern oder gar verhindern. Das zu tun ist keine Zauberei: Wir brauchen uns nur lieb zu haben. Das genügt schon. Uns einfach von Herzen gern haben.

Im Grunde ist es wirklich ganz einfach – wir müssen, wie die Fee, nur die Abneigung durch Zuneigung ersetzen. Doch genau das fällt uns oft sehr schwer, das können wir nicht ohne weiteres. Denn das schlechte Selbstbild und die Herabsetzung unseres Wertes sind tief in uns verankert. Unser Selbstbild hat sich zu formen begonnen, als wir noch klein waren, und aus jener Zeit stammt auch die Herabsetzung unseres Wertes. So werten wir uns schon derart lange ab, dass es uns beinahe zur Gewohnheit geworden ist. Und so braucht es auch wieder Zeit, uns daraus zu lösen. Das geschieht nicht von einem Tag auf den anderen.

Doch wir können uns auf den Weg machen, unser Selbstwertgefühl aufzubauen, allein oder auch mit Hilfe anderer. Und wir können von einem Tag zum anderen Schritte unternehmen, die eine Änderung zum Ziel haben. Wir können zum Beispiel hinschauen und erkennen, was wir jetzt gerade brauchen – und uns das dann auch gönnen und geben. Und wir können jetzt gerade anfangen. Zum Beispiel mit einem Lächeln. Das wärmt uns das Herz so schön.

Kommen Sie, lassen Sie uns genau das tun. Lassen Sie uns lächeln.

Gehen wir dazu in den Garten. Dort wollen wir auf unseren Pfaden wandeln und lächeln.

Wir lächeln dem feuchten Gras zu. Der kleinen Schnecke, die langsam an uns vorüberkriecht. Den Tautropfen, die sich in den Blütenkelchen gesammelt haben.

Auch dem Hund, der an unserem Tor stehen geblieben ist und in den Garten blickt, lächeln wir zu. *Guter Hund, bist ein braver Kerl.* Und wenn er dann schwanzwedelnd weiterzieht, wünschen wir ihm alles Gute: *Mach's gut, lieber Hund.*

Zum Schluss beugen wir uns über eine Pfütze und lächeln unserem Spiegelbild zu. Wir schauen uns in die Augen und wünschen uns alles Gute.

»Sich selbst dauernd anzulächeln, das ist doch vollkommen ichbezogen. Und überhaupt, sich selbst zu lieben ist egoistisch.«

Es ist gut möglich, dass uns solche Gedanken kommen. Die Ansicht, es sei egoistisch, sich selbst zu lieben, ist tatsächlich ziemlich weit verbreitet. Verknüpft damit ist der Vorwurf, man denke nur an sich und nie an die anderen; man stelle stets sich selbst und die eigenen Bedürfnisse in den Vordergrund; man wolle nur nehmen und nichts geben.

Doch stimmt das wirklich? Was meinen Sie? Liegt es wirklich in der Natur des Lächelns, geizig zu sein mit seinem Liebreiz? Ist nicht all das, was von Liebe durchtränkt ist, in seinem Wesen zutiefst großzügig? Wollen Respekt und Güte, Toleranz und Geduld, Mitgefühl und Mitfreude wirklich alles nur für sich behalten? Sind sie nicht eher äußerst gebefreudig, schenken und bieten an? Ist nicht wahrhaft Liebevolles selbstlos, ohne Erwartungen, ohne Bedingungen, die erfüllt werden müssen?

Wenn wir uns also selbst lieben, kultivieren wir dann nicht eher ein großzügiges und wohlwollendes Herz, als dass wir dem Egoismus frönen? Und wird nicht dieses liebevolle Herz auch anderen zugute kommen?

Wenn wir uns wertschätzen, so wie wir sind, befähigt uns das doch auch dazu, andere respektieren zu können. Denn es gibt ja nur einen Respekt, nur eine Güte, nur eine Liebe. Es gibt nicht eine für dich und eine für mich – liebevoll ist einfach liebevoll.

Selbstliebe und Egoismus sind also ganz und gar nicht dasselbe. Das Kultivieren von Selbstliebe hat gute Wirkungen, wie wir festgestellt haben. Lassen Sie uns diese zum Schluss noch erläutern.

Selbstliebe bringt uns Selbstvertrauen, Selbstsicherheit,Würde, Tatkraft, Mut, Freude, Ruhe, Zufriedenheit – in der Tat so viel Erfreuliches, dass wir hier gar nicht auf alles näher eingehen können! Beschränken wir uns deshalb auf zwei der weitreichendsten guten Folgen: Selbstliebe hat eine positive Wirkung auf den Umgang mit unseren Bedürfnissen. Sie ermöglicht es uns, eigenverantwortlich und wirkungsvoll mit diesen umzugehen. Sie befähigt uns, sie ernst zu nehmen und uns für sie einzusetzen. Mit Selbstliebe übernehmen wir Verantwortung für uns und werden unabhängiger. Denn wir hegen nicht länger die Erwartung, dass andere unsere Bedürfnisse erfüllen. Wir erhoffen nicht mehr, dass andere genau wissen, was wir möchten und was nicht – und sich dann entsprechend verhalten. Stattdessen machen wir deutlich, was wir gern hätten oder brauchen, und unternehmen auch selbst etwas, um unsere Wünsche zu erfüllen. Wir lassen uns nicht mehr einfach abwimmeln, sondern setzen uns für unsere Bedürfnisse ein, stehen zu ihnen. Wir glauben auch, dass wir die Befriedigung unserer Bedürfnisse verdienen. Einfach so, ohne etwas leisten zu müssen.

Ohne Selbstliebe hingegen sähe das ganz anders aus. Denn mit einem schlechten Selbstbild glauben wir, dass wir nicht liebenswert sind und deshalb auch nichts verdienen. Schon gar nicht die Befriedigung unserer Bedürfnisse. Weder nehmen wir selbst diese ernst, noch erwarten wir, dass andere das tun. Ja, wenn wir uns abwerten, haben unsere Bedürfnisse auf dieser Welt im Grunde überhaupt nichts zu suchen. Ihnen wird kein Raum gegeben; sie haben keinen Ort; sie sind fehl am Platz!

Selbstliebe hat wiederum einen entscheidenden Einfluss auf unser Selbstvertrauen. Wenn wir genau so sein dürfen, wie wir sind, wir auch Fehler machen und Schwächen haben dürfen und wir trotzdem zu uns stehen, uns unterstützen und trösten – wenn wir uns lieben, was auch immer sei –, dann können wir uns wirklich ganz und gar vertrauen. Wir können darauf vertrauen, dass wir gut für uns Sorge tragen. Mit einem solchen Vertrauen besitzen wir ein gesundes und solides Selbstbewusstsein.

Hiermit schließen wir diese Woche und unseren Besuch bei der goldenen Fee ab. Wie immer gehen wir zum Abschluss in den Garten. Da wollen wir noch einmal so richtig von

Herzen lächeln. In uns hineinlächeln, uns ganz mit Lächeln erfüllen – mit warmer, liebevoller, zärtlicher Zuneigung. Hier in unserem Garten, jetzt gerade haben wir uns von Herzen gern.

Die Krönung

Wir sind nun in der zweitletzten Woche angekommen und haben bis hier schon einen recht langen Weg hinter uns. Wir haben viel erfahren und unternommen und uns häufig in unserem Garten aufgehalten.

Den ersten Schritt, den wir auf dem Weg gemacht haben, haben wir schon vor längerer Zeit getan. Unterdessen haben wir uns in zahlreichen Momenten ohne zu werten betrachtet, unsere Körperhaltung, unsere Gefühle und unseren Geist so gesehen, wie sie gerade waren. Manch Unangenehmes haben wir respektiert, manch Angenehmes losgelassen. Wir haben auch viel im Garten getan: Wir haben drei Pfade angelegt, auf denen zu wandeln uns eine Freude ist. Und nach unseren Besuchen bei der

Angst und der Selbst-
kritik haben wir in
zwei Beeten Vorsicht,
Lob und Kritik gesät.
Gelächelt haben wir auch
des Öfteren, nicht wahr?

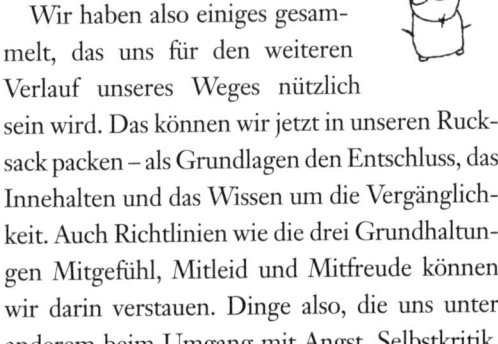

Wir haben also einiges gesammelt, das uns für den weiteren
Verlauf unseres Weges nützlich
sein wird. Das können wir jetzt in unseren Ruck-
sack packen – als Grundlagen den Entschluss, das
Innehalten und das Wissen um die Vergänglichkeit. Auch Richtlinien wie die drei Grundhaltungen Mitgefühl, Mitleid und Mitfreude können
wir darin verstauen. Dinge also, die uns unter
anderem beim Umgang mit Angst, Selbstkritik,
Abwertung und Selbsthass helfen können.

In dieser Woche nun – als Höhepunkt – erhalten wir noch etwas überaus Kostbares zum
Einpacken und Mitnehmen – unseren wert-
vollsten Schatz. Einen Schatz, der uns bei all
unserem Tun – beim Innehalten wie beim
Handeln, beim Lieben und beim Kritisieren,
beim Betrachten und beim Prüfen – von un-
schätzbarem Wert ist.

Klingt gut, nicht wahr? Diesen Schatz wollen wir uns nicht entgehen lassen! Lassen Sie uns ihn also ans Licht bringen und schauen wir ihm zu, wie er erstrahlt.

Was hier so leuchtet, das ist die Gelassenheit, die mit ihren Strahlen alles erhellt und deren Dasein Ruhe verströmt.

Mit Gelassenheit nehmen wir alles viel ruhiger. Unser Leben kann auf und ab gehen, seine Wogen können uns mit sich reißen, hierhin und dorthin, auf uns herabstürzen – mit der Gelassenheit haben wir einen Fels in der Brandung, auf dem wir inmitten von Erfolg und Misserfolg, von Glück und Schmerz, von Angst und Hoffnung Zuflucht und Ruhe finden.

Die Ruhe, zu der wir durch Gelassenheit finden, ist aber nicht einschläfernd oder stumpf. Auch nicht gleichgültig, kalt oder gar herzlos. Es ist uns nicht einfach alles egal, kümmert uns nicht und deshalb nehmen wir es gelassen – im Gegenteil, wir sind ganz wach und da.

Die Gelassenheit schöpft ihre Ruhe nämlich aus der Kenntnis der Wirklichkeit. Sie weiß, dass Schmerz kommt und geht, sie weiß, dass Entzücken kommt und geht, sie weiß, dass wir geboren werden und auch gehen. Sie weiß, dass alles ist, wie es ist, und sie umarmt alles. Sie kennt dabei kein Gut oder Schlecht. So strahlt ihr Wissen hell, klar und warm.

Mit Gelassenheit gewinnen wir Distanz zu den Dingen, die uns widerfahren, und natürlich auch zu uns selbst. Auf diese Weise brauchen wir nicht alles so ernst, so wichtig und schwer zu nehmen. Auch nicht so persönlich. Wir können die Dinge sein lassen, wie sie sind, sie vorüberfließen lassen. Wir regen uns nicht übermäßig auf. Wir verlieren weder unser Gleichgewicht noch unsere Perspektive.

Diese Distanz macht uns aber beileibe nicht frivol oder fad, nein, wir bleiben ganz lebendig – mal fröhlich, mal wütend, mal verzwei-

felt, mal gelangweilt. Doch mit mehr Distanz erhalten wir uns unseren Humor. Wir können häufiger lachen.

Sie sehen, auf die Gelassenheit können wir uns verlassen.

Sie ist uns aber nicht nur eine Stütze, wenn uns etwas widerfährt, sondern sie ist es gerade auch in Situationen, in denen wir selbst handeln müssen. Wenn wir Entscheidungen treffen oder auf etwas reagieren, wir uns sozusagen in die Fluten des Lebens stürzen müssen. Dann ist sie uns Kompass und führt uns sicher in den Hafen.

Gelassenheit steuert uns durch die Mitte. Sie hält uns davon ab, zu weit in die eine oder andere Richtung zu gehen, da sie weiß, dass sich alles, was sich *zu* weit von der Mitte entfernt, in *zu*sätzliches Leiden wandeln kann. Hängen wir uns zu sehr an etwas, wird es umso schlimmer, es zu verlieren. Verausgaben wir uns zu sehr, haben wir anschließend zu wenig Kraft. Freuen wir uns zu sehr auf etwas, sind wir umso enttäuschter, wenn es nicht eintritt.

Bleiben wir aber auf dem mittleren Weg, haben wir bei allem, was wir tun, die größte

Chance, Heilsames zu erzeugen und Unheilsames zu vermeiden und somit auch die größte Chance, uns und andere vor Leiden zu schützen.

So hält uns die Gelassenheit in der Mitte zwischen *zu viel* und *zu wenig*. Zwischen zu hart und zu weich, zu hoch und zu tief, zu heiß und zu kalt. Sie hält uns davon ab, zu übertreiben wie zu untertreiben. Zu nachlässig zu sein oder zu penibel, uns alles oder nichts zu gönnen.

Gelassenheit ist also wahrlich ein wertvoller Schatz, ja sie ist die Krönung all unserer Bestrebungen.

Wenn wir im Umgang mit uns selbst gelassen sein können, sind wir nicht so schnell aus der Ruhe zu bringen. Wir sehen klarer, es fällt uns leichter, Unangenehmem zu begegnen, wir können besser loslassen, wir übertreiben nicht mit dem Mitgefühl, dem Mitleid und der Mitfreude, wir untertreiben aber auch nicht – wir bleiben bei allem unerschütterlich in unserer Mitte.

Und so, mit der Krönung durch die Gelassenheit, schließen wir diese Woche ab. Nicht aber ohne Sie noch einmal aufzufordern, das alles selbst zu überprüfen. Gerade weil Gelassenheit so wichtig ist für den Umgang mit uns selbst, ist es auch wichtig, dass Sie darüber nachdenken. Stellen Sie viele Fragen: *Woran erkenne ich Gelassenheit? Wie erkenne ich, dass ich gelassen bin? Wie ist das, Distanz zu mir zu haben? Wie fühlt sich das an? Was löst das bei mir aus? Wo ist die Mitte? Wie finde ich sie? Wie ist es, in der Mitte zu gehen? Wann tue ich das?*

Und nicht ohne noch einmal in den Garten zu gehen, wollen wir diese Woche beenden. Sie ahnen wahrscheinlich, wie Ihre Aufgabe dort lauten wird! Richtig – nochmals die Schaufel und die Hacke hervorholen und einen vierten Pfad anlegen – den Pfad der Gelassenheit, einen Pfad, auf dem man in der Mitte geht. Legen Sie ihn so an, dass er aus Ihrem Garten hinausführt und Sie von jetzt an auf ihm weiterschreiten können.

Übersicht

In der letzten Woche wurden all unsere Bestrebungen durch die Gelassenheit gekrönt. Das ist ein würdevoller Abschluss. Dem ist nichts mehr hinzuzufügen.

Deshalb wollen wir uns jetzt, in der allerletzten Woche, nur noch wie ein Vogel in die Lüfte erheben und aus der Vogelperspektive all das betrachten, was wir in den letzten Monaten erfahren haben. Wir wollen uns Übersicht verschaffen.

Mit dieser Übersicht können Sie Rückblick halten. Sie können darüber nachdenken, was alles geschehen ist, was Sie davon behalten haben und was nicht, was Ihnen besonders leicht oder beson-

ders schwer gefallen ist und auch welche Wirkungen sich bei Ihnen gezeigt haben. Wenn Sie wollen, können Sie die Übersicht auch für Ihren weiteren Weg benutzen. Sie kann Ihnen als Erinnerungsstütze oder als Übungsanleitung dienen.

Und damit – mit dem Rück- und Vorausblick – sind wir am Ende des Buches angelangt. Ich verabschiede mich hier von Ihnen und wünsche Ihnen auf Ihrem weiteren Weg viel heitere Gelassenheit und dass Ihr Herz von Mitgefühl, Mitleid und Mitfreude erfüllt sein möge.

Sich auf den Weg machen

> Bewussten Entschluss fassen
> Ziel:
> Heilsames erwecken und erhalten,
> Unheilsames vermeiden und überwinden

Die Schritte auf dem Weg
Sich Sammeln

> *Bewusster Entschluss*
> Innehalten
> Stopp. Jetzt. Hier.

> *Bewusster Entschluss*
> Reines Betrachten
>   Checkliste:
>   – Körper
>   – Gefühle
>   – Geisteszustand
>   – Geistesinhalt

Erkennen

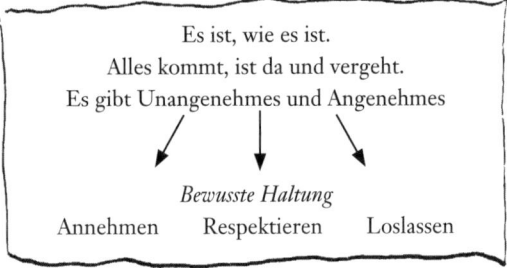

Es ist, wie es ist.
Alles kommt, ist da und vergeht.
Es gibt Unangenehmes und Angenehmes

Bewusste Haltung

Annehmen   Respektieren   Loslassen

Kultivieren

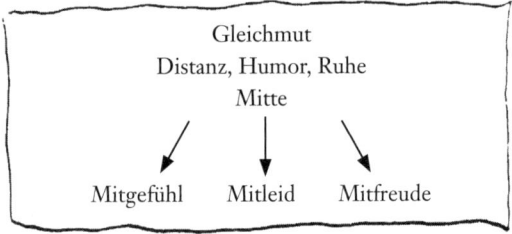

Gleichmut
Distanz, Humor, Ruhe
Mitte

Mitgefühl   Mitleid   Mitfreude

Literatur

Nyanaponika Thera: *Geistestraining durch Achtsamkeit* (1975), Stammbach-Herrnschrot: Beyerlein & Steinschulte, 1998

Fritz Riemann: *Grundformen der Angst. Eine tiefenpsychologische Studie* (1979), München-Basel: Ernst Reinhardt Verlag, 1999

Ayya Khema: *Sei Dir selbst eine Insel*, Berlin: Theseus Verlag, 1993

Thich Nhat Hanh: *Unsere Verabredung mit dem Leben*, Berlin: Theseus Verlag, 1994, und München: dtv, 1999

Hal und Sidra Stone: *»Du bist richtig« – Mit der Voice-Dialogue-Methode den inneren Kritiker zum Freund gewinnen*, München: Wilhelm Heyne Verlag, 1995

Jessica Wilker: *Das Einmaleins der Achtsamkeit. Vom täglichen Umgang mit alltäglichen Gefühlen*, Berlin: Theseus Verlag, 1998

Über die Autorin

Die Schweizerin Jessica Wilker, 1956 geboren, studierte Psychologie an der Universität Bern (Schweiz) und war jahrzehntelang in verschiedenen Bereichen psychologischer Beratung tätig. 1999 siedelte sie nach England über, wo sie an der Universität Bath ein Studium der Religionswissenschaften abschloss. Sie lebt heute in Somerset (England) und ist als freischaffende Referentin und Autorin im Bereich Buddhismus tätig. Ihr besonderes Interesse gilt ethischen Fragen. Jessica Wilker praktiziert seit mehr als zwanzig Jahren den Buddhismus.

Über den Illustrator

Wayne Sutherland, seit vielen Jahren Zen-Buddhist, lebt und arbeitet in Bern. Er hat auch das Einmaleins der Achtsamkeit von Jessica Wilker illustriert.